会计名家培养工程学术成果库
——学术总结系列丛书

会计研究与教学的逻辑

魏明海 著

中国财经出版传媒集团
中国财政经济出版社

图书在版编目（CIP）数据

会计研究与教学的逻辑/魏明海著. ---北京：中国财政经济出版社，2020.1
（会计名家培养工程学术成果库. 学术总结系列丛书）
ISBN 978-7-5095-8799-7

Ⅰ.①会… Ⅱ.①魏… Ⅲ.①会计学-教学研究 Ⅳ.①F230

中国版本图书馆CIP数据核字（2019）第014013号

责任编辑：黄双蓉	责任校对：胡永立
装帧设计：陈宇琰	责任印制：邱 天

中国财政经济出版社 出版

网址：www.cfeac.com

（版权所有　翻印必究）

社址：北京市海淀区阜成路甲28号　邮编：100142
营销中心电话：010-88191522
天猫网店：中国财政经济出版社旗舰店
网址：http://zgczjjcbs.tmall.com
中煤（北京）印务有限公司印装　各地新华书店经销
787×1092毫米　16开　23.5印张　255 000字
2020年1月第1版　2020年1月北京第1次印刷
定价：116.00元
ISBN 978-7-5095-8799-7
(图书出现印装问题，本社负责调换)
本社质量投诉电话：010-88190744
打击盗版举报热线：010-88191661　QQ：2242791300

 **会计名家培养工程学术成果库**
编委会成员

主　任：程丽华

副主任：朱光耀

委　员：高一斌　杨　敏　王　鹏　郭道扬

　　　　孙　铮　顾惠忠　刘永泽　骆家骃

　　　　刘　志　王世定　周守华　王　华

　　　　樊行健　曲晓辉　荆　新　孟　焰

　　　　王立彦　陈　晓

出版说明

为贯彻国家人才战略,根据《会计行业中长期人才发展规划(2010~2020年)》(财会〔2010〕19号),财政部于2013年启动"会计名家培养工程",着力打造一批造诣精深、成就突出,在国内外享有较高声誉的会计名家,推动我国会计人才队伍整体发展。按照《财政部关于印发会计名家培养工程实施方案的通知》(财会〔2013〕14号)要求,受财政部委托,中国会计学会负责会计名家培养工程的具体组织实施。

会计人才特别是以会计名家为代表的会计领军人才是我国人才队伍的重要组成部分,是维护市场经济秩序、推动科学发展、促进社会和谐的重要力量。习近平总书记强调,"人才是衡量一个国家综合国力的重要指标""要把人才工作抓好,让人才事业兴旺起来,国家发展靠人才,民族振兴靠人才""发展是第一要务,人才是第一资源,创新是第一动力"。在财政部党组正确领导、有关各方的大力支持下,中国会计学会根据《会计名家培养工程实施方案》,组织会计名家培养工程入选者开展持续的学术研究,进行学术思想梳理,组建研究团队,参与国际交流合作，以实际行动引领会计科研教育和人才培养，取得了显著成绩，也形成了系列研究成果。

为了更好地整理和宣传会计名家的专项科研成果和学术思想，中国会计学会组织编委会出版《会计名家培养工程学术成果库》，包括两个系列丛书和一个数字支持平台：研究报告系列丛书和学术总结系列丛书及名家讲座等音像资料数字支持平台。

1. 研究报告系列丛书，主要为会计名家专项课题研究成果，反映了会计名家对当前会计改革与发展中的重大理论问题和现实问题的研究成果，旨在为改进我国会计实务提供政策参考，为后续会计理论研究提供有益借鉴。

2. 学术总结系列丛书，主要包括会计名家学术思想梳理，教学、科研及社会服务情况总结，旨在展示会计名家的学术思想、主要观点和学术贡献，总结会计行业的优良传统，培育良好的会计文化，发挥会计名家的引领作用。

3. 数字支持平台，即将会计名家讲座等影音资料以二维码形式嵌入学术总结系列丛书中，读者可通过手机扫码收看。

《会计名家培养工程学术成果库》的出版，得到了中国财经出版传媒集团的大力支持。希望本书在宣传会计名家理论与思想的同时,能够促进学术理念在传承中创新、在创新中发展,产出更多扎根中国、面向世界、融通中外、拥抱未来的研究,推动我国会计理论和会计教育持续繁荣发展。

会计名家培养工程学术成果库编委会
2018年7月

目录

缘　起　/ 1

第一部分　学习写作与研究　/ 5

　　一、在江西财经学院和厦门大学求学　/ 7

　　二、初学做会计研究和写会计论文　/ 11

　　三、后续的求学与进修研究　/ 16

第二部分　不断完善会计研究的基本逻辑思维与方法　/ 25

　　一、明确科学问题的重要性　/ 27

　　二、什么才是科学研究　/ 30

　　三、会计科学研究的基本逻辑　/ 34

第三部分 为会计人才培养和成长多开"天窗" / 55

一、"天花板"与"天窗" / 58

二、多开"天窗"的方式 / 61

三、会计教与学方式的转变 / 64

第四部分 部分论著编选及其回忆 / 67

一、"论管理性劳动——概念及效益分析"及其回忆 / 71

二、"联系环境、更新观念，研究深化我国会计改革的问题"及其回忆 / 85

三、"论中国企业会计的十大矛盾"及其回忆 / 114

四、"论会计发展理论"及其回忆 / 133

五、"论会计透明度"及其回忆 / 150

六、《公司高管的会计责任——前世通公司CEO法庭审理分析》及其回忆 / 167

七、"代理人行使信息权力过程中的会计问题"及其回忆 / 181

八、"从股权结构到股东关系"及其回忆 / 210

九、"企业股权特征的综合分析框架——基于中国企业的现象与理论"及其回忆 / 255

第五部分　学习与主要工作经历　/　*283*

　　一、学习经历　/　*285*

　　二、教学科研经历　/　*287*

　　三、管理服务经历　/　*288*

　　四、主要社会服务工作　/　*290*

第六部分　科研项目与奖项　/　*293*

　　一、主持的主要科研项目　/　*295*

　　二、主要教学科研奖项　/　*297*

第七部分　著作、教材、论文与咨询研究报告　/　*299*

　　一、出版的主要著作　/　*301*

　　二、主编或参与编写的教材　/　*303*

　　三、译作　/　*305*

　　四、发表的论文　/　*306*

　　五、咨询研究报告　/　*323*

第八部分　学生点滴记忆　/　*325*

　　一、求学时期的点滴往事　/　*327*

　　二、我的博士生经历及对我人生的影响　/　*331*

三、选择比努力更重要 / 335

四、谋事在人　成事在天 / 339

五、此生大确幸　师从魏老师 / 343

六、师承精要——主流、效率、坚持与健康 / 346

七、经师易遇　人师难遇 / 350

八、学术起步的引路人 / 354

第九部分　部分研究生名录 / 357

一、博士后入站学生 / 359

二、博士研究生 / 360

三、硕士研究生（含会计学术硕士、MBA、EMBA、MPAcc） / 362

缘　起

　　受财政部"会计名家培养工程"的鼓励和资助，让我有机会静下心来较系统地对过去三十多年在会计和公司财务领域的学习、研究和教学做一小结。我是1980年9月开始踏入会计这个行当，先在江西财经学院（即现在的江西财经大学）财会系学习，后到厦门大学会计学系攻读硕士和博士研究生，也曾在美国杜兰（Tulane）大学获工商管理硕士学位（MBA），并在卡内基梅隆（Carnegie Mellon）大学做富布莱特（Fulbright）研究学者。当然，最主要的职业生涯还应是从1991年开始至今在中山大学从事的会计学研究与教学工作，以及在中山大学和广州大学承担不同岗位的管理服务工作。

　　因为多年来兼任管理服务工作的缘故，自然也就曾有过多个行政岗位头衔，如系主任、副院长、院长、处长、董事长、校长助理、副校长、校长等，但在内心始终追求并未曾放弃过的还是教师身份、教授岗位。在专业领域中，未曾中断、能持之以恒的也就是在会计与公司财务领域持续不断的学习、研究和教学。

根据《会计名家培养工程实施方案》的要求，培养对象须撰写和出版学术自传（学术思想梳理）。客观地讲，我还到不了这个层次和水平，也不应该出版学术自传，但要求还得认真执行。为此，下面主要是从三个大的方面做一小结：第一个方面是学习，主要小结自己学习写作与研究的过程和若干体会。第二个方面研究，主要是总结自己在研究会计学过程中逐渐形成的一些基本逻辑与思维方法。需要说明，过去30多年，自己确实在会计改革与会计准则国际协调、会计理论基本结构与会计发展理论、会计信息与盈余管理、公司高管的会计责任、企业财务战略、会计的治理功能、关联股东及相关的财务与会计问题这七个小领域做过一些探索，也取得了一些成果，但在这里我并不打算介绍这些研究的结论，而是透过这些研究，总结一下自己是如何不断完善有关会计研究的基本逻辑和思维方法的。第三个方面是教学，重点介绍自己对如何为会计人才培养和成长多开"天窗"所做的一些思考和尝试。

在这本书中，还包括了过去不同阶段自己刊出的8篇论文和出版的1部著作（目录），并对这些论著当时的写作背景、目的等撰写了回忆；整理了自己的学习与主要工作经历，承担的科研项目与获得的奖项，出版的著作和教材，公开发表的论文，提交的咨询研究报告；收录了8位学生撰写的点滴记忆及感悟；整理了部分研究生名录等。

鉴于这本书的性质和特定目的，特起名为《会计研究与教学的逻辑》。会计学术研究与教学必须是要始终坚持、持续不断的功课。本书所介绍和讨论的，仅仅是前一阶段的学术小结，肯定存在各种各样的不足甚至问题，衷心期待同行专家对我进行批评指导！

第一部分 学习写作与研究

这次做小结，我首先想到的是：自己是如何学习写作与研究的？因为那是我入会计学之门和前十二年的主要工作，包括在江西财经学院四年的本科学习和近一年的英语培训（1980年9月至1985年8月）、在厦门大学一年的进修和五年的硕士、博士阶段的学习（1985年9月至1991年6月）。当然学无止境，即使我到中山大学参加工作之后，也还争取机会分别到美国杜兰大学和卡内基梅隆大学学习、研究与提升。

一、在江西财经学院和厦门大学求学

在16岁之前,我的生活半径没有超过40公里,只是分别在大队的小学(平富小学)、公社的初中(鹤子初中)、县里的高中(安远中学)念了九年半的书。父母对我的最大期待,也就是多读几年书,争取靠读书谋一条更好的生路。他们不仅仅是满心的期待,更多的是全身心的持续支持!

很多时候,人并没有太多的选择。即使是自己的选择,如果不付出努力并持之以恒,也很难开花、结果。我参加大学高考的成绩还算满意,当时最大的愿望是当教师,所以第一志愿填报的是北京师范大学,但被江西财经学院财会系的商业会计专业录取。这或许是我的高考成绩还不够优秀,也可能是当时我尚未发育成熟,根本看不出有当教师的潜质(当时我的实际身高才1.43米,体重只有36公斤。县里分管教育的领导实在不放心,请负责体检的医生将我的身高增加了4厘米,体重增加了4公斤)。幸运的是,江西财经学院有浓厚的学习氛围,也有一批敬业爱生、学术严谨的教师。在那里，我的语文写作、数学和英语水平得到了比较大的提高；专业课，尤其是企业经营管理、会计核算、经济核算，甚至统计学等都受到了比较系统、扎实的训练，印象最深的是成圣树教授讲授的《商业会计》、裘宗舜老院长讲授的《社会主义经济核算》、吴茂老师讲授的《经济活动分析》等课程。记忆最深、至今受益甚大的是大学四年直接以《英汉词典》为教材所背过的一万多个英文单词（尽管发音不准甚至根本不会发音）和前后"啃"过多遍的《资本论》第二卷。

大学入学时的证件照

1985年进入厦门大学会计学系进修、读研，在那儿我一呆就是六年。厦门大学有悠久的会计学教育历史，名师汇聚，这为我专心致志学会计提供了良好的条件。在厦门大学期间，我有机会学习了多门高质量的课程、在图书馆里探索无尽的精神财富，并受到葛家澍等多位教授的言传身教。

直到今天，在我还能清晰记忆起的课程中，就有葛家澍教授的《会计理论与会计准则》和《西方财务会计理论》、余绪缨教授的《管理会计学》、常勋教授的《国际会计》和《中外合资企业会计》、吴水澎教授的《基础会计学》和陈仁栋教授的《人力资源会计》，等等。此外，厦门大学的《资本论》和《社会主义经济理论》等经济学课程不仅有难度和深度，也与中国的改革开放和经济发展紧密相关。

厦门大学很早就在校门边修建了很好的图书馆。图书馆成为很多学子，当然也包括我课余饭后呆的次数最多、时间最长的地方。在那里，一是翻看了大量的学术著作和学术期刊，大都是泛读，文史哲、经管法都有所涉足，而最让我沉迷的还是科学哲学，以及讨论"发展"话题的哲学类著作。二是精读了一批会计和管理类的著作与文献，主要涉及会计基本理论和多个专门研究领域，如控制论、成本效益分析、社会主义经济核算体系、西方财务会计理论、社会责任会计等。尽管还处于改革开放的初期，厦门大学图书馆就已藏有比较丰富的英文原版会计论著和期刊。这里所说的"精读"，既包括细看，一边看一边把主要内容翻译成中文，记在活页纸（卡）上，同时还写了大量的读书笔记。那些笔记大多是读书摘（译）录和边读书边有感而发的随笔。记得离开厦门大学时，我还整理出近两尺多高的活页纸（卡）笔记并带到广州。可惜多次搬家，没能留下了。尽管这些摘（译）录和随笔比较零碎，但却帮助我养成了边读边记（译）、边读边想、边思考边写作的习惯，并逐渐提高了动笔能力。

博士论文答辩后与导师葛家澍教授的合影

二、初学做会计研究和写会计论文

讲实在话，上大学后自己并未预期会走上教书和研究之路，也不懂什么是科研。在江西财经学院大学毕业后被安排留校任教，才被迫开始学写论文、学做学术研究。1984年撰写并发表的第一篇论文"会计核心职能的转移和我们的对策"，算是学做会计研究和写会计论文的开始，一路走来，没有了回头路。

对我来说，初学做会计研究和写会计论文大致可以分成两个阶段：

第一个阶段是大学毕业留校任教至硕士研究生结束（1984~1988年）。在这一阶段，大约撰写并发表了十余篇一事一议的短文（有的尽管文字较长，但内容单薄，也算"短文"）。今天看来，这些短文难以算作是真正的学术研究，但从练习的角度看，也确益处颇多：一是培养了研究兴趣；二是训练了逻辑思维，养成了动笔的好习惯；三是留意和关注现实的经济改革问题。当然还有一个小小的益处，即有微薄的稿酬收入，可以贴补生活费用。

第二个阶段是博士研究生期间（1988~1991年）。得益于导师的精心指导、同学之间的经常讨论甚至争论，尤其是厦门大学当时比较丰富的会计专业图书和期刊，这期间有选择性地深入思考了若干会计理论的基本问题。其中，以下五项研究工作至今印象深刻：

（1）20世纪80年代中后期至90年代初，伴随着国家的对外开放和经济改革，会计领域也兴起了新一轮改革的热潮。1988年厦门大学经济学院组织举办了首届科学讨论会。在导师葛家澍教授的亲自指导下，我们一起撰写了"联系环境、更新观念，研究深化我国会计改革的问题"一文。这篇论文尽管后来未公开发表，只是编辑在《厦门大学经济学院首届科学讨论会论文集》中，但对我来说，锻炼的意义是非常大的。这是一篇长文，约有1万多字，从多个维度思考了当时有关深化我国会计改革的问题。除了文中对理论和政策层面的一些思考外，文章外的收获更是良多。能与导师这样的大学问家合作，学习了做研究的方法，增强了做研究的能力和信心。正是有了这次合作研究的基础，才使我后来有勇气撰写"论中国企业会计的十大矛盾"这样的所谓"大文章"（该文在《财经理论与实践》刊出后被《新华文摘》全文转摘）。在导师的安排下，我开始有机会参加全国性的学术会议，见识到很多的会计名师。

读博期间第一次参加全国性的会计学术研讨会

（2）开展学术研究离不开文献，在博士研究生阶段，我有机会系统地学习《资本论》等相关经济学经典文献。政治经济学，尤其是《资本论》研究是当时厦门大学的优势领域。以马克思主义政治经济学为理论基础，1989年我撰写了一篇论述生产要素的论文（原文已找不到了，确切的题目也记不清了），记忆中是刊登在中国社科院的《经济研究资料》中。记得在这篇论文中，文献引用超过30个。自己关于管理性劳动的思考、有关按要素参与分配的管理研究都与此相关。今天看来，文献的功底的确很重要，它影响着一位学者后来的研究风格和学术功底。

（3）利用撰写博士论文的机会，在导师的指导下，我比较注重对会计理论基础结构和会计发展理论的研究。我的博士论文题目就是"论会计理论基本结构"，与此相关联，还撰写了"论会计发展理论"一文（原文在《当代财经》发表，后由《新华文摘》全文转载）。正是有了对会计基本理论研究的基础，到中山大学以后，我才敢于设想从三个方面开展会计理论新体系的探索，并规划撰写《会计理论基本结构》《会计发展理论》和《比较会计理论》三部著作，试图厘出所谓的"会计理论新体系"。令人遗憾的是：《会计发展理论》一书一直没能写出来，后来只在中山大学出版社出版了《会计理论基本结构》和《比较会计理论》。

（4）在博士研究生期间，受到吴水澎教授的指导，并有机会与吴教授合作研究。除了会计基本理论的研究外,当时吴教授也非常关注经济效益与会计的研究。在吴教授的指导下,我们合作撰写并由西南财经大学出版社出版了《经济效益会计论》的著作,还合作发表了"试论利益关系调整中的会计改革与会计发展问题"一文。这些研究对于帮助我开拓视野,关注会计行为的实质经济含义,尤其是跳出会计看会计也起到了较好的作用。

(5) 除了理论研究外,在博士研究生期间,我还有幸参与了葛家澍教授和余绪缨教授主持的高等学校财经类专业核心课程《会计学》大纲及修订本教材的编写(四川人民出版社出版)。我还清晰地记得,这套高等学校财经类专业核心课程教材是由当时的国家教委组织编写的,一大批老一辈的经济学和管理学大师担任主编。在参与讨论和编写的过程中,自己也从这些老一辈的杰出学者(不仅仅是会计领域的,还有许多其他领域的)中学到了很多有关教材编写和教学的经验,为我后来独立从教甚至编写教材奠定了基础。

三、后续的求学与进修研究

1991年7月，我从厦门大学会计学系毕业并获得经济学博士学位后就到了中山大学任教。由于有厦门大学学习时的积累，加上工作勤奋、勤于动笔，得到当时中山大学管理学院的领导、李学柔教授等前辈的提携，并在富有合作精神的同事的帮助下，自己很幸运也很快地在三年多的时间里就完成了讲师、副教授（1992年10月）、教授（1994年12月）职称晋升的"三级跳"。但到了1997年，国内会计学术界开始面临研究范式和研究方法的转型，即引进和尝试以经验证据检验理论和发展理论为主的实证研究。于是就有了1998~1999年在美国杜兰大学的进修和求学经历。

得到美国岭南基金会的资助，我最初是以访问学者的身份赴杜兰大学的，主要目的是想跟着李志文（Jevons Lee）教授学做会计实证研究。到新奥尔良（New Orleans）与李老师深入交谈后，我发现自己的学术研究不仅在研究方法上存在瓶颈，在知识面以及与现代工商管理相关的专业训练也明显不足。我还记得李志文教授当时讲过的话，大意是：做会计实证研究不是数学好、会做统计分析就可以的，研究中会涉及会计行为的多种动机（政治动机、各种管理契约动机、资本市场动机等）和多方面的经济后果分析，如果对资本市场、投资管理、企业战略、组织行为、公司治理，甚至生产运作、市场营销和人力资源管理等方面的知识、理论与方法掌握不好，就很难做好会计研究，也很难成为一个好的会计学者和教师。为此，在杜兰大学期间，我在听李老师主讲的会计研究课程的同时，正式注册为工商管理硕士（MBA）项目的学生，系统地学习了现代工商管理课程，在微观经济学、投资管理学、公司治理、公司战略管理、组织行为学、商业统计、生产运作、市场营销、人力资源管理和商业沟通等方面为会计研究做了较好的补充。

过去我们研究会计学，比较习惯于就会计看会计，囿于会计的内部世界。例如，在分析会计信息的作用时，更多是阐述财务报表是如何编制的，内容如何丰富有用？较少从资本市场投资者、公司治理的相关利益方以及经营管理者的视角对其如何利用会计信息作出决策、对他们的决策有何实际信息增量等进行分析。同样，在研究会计准则制定和企业会计政策选择时，也是更多地考虑会计本身边界、特征及其发展的影响，以及国家宏观经济管理的需求，没能深入分析资本市场投资者、公司治理的相关利益方和经营管理者的现实需求。在杜兰大学的补课，更新了我的知识，开阔了我思考会计问题的视野，让我能更多地从其他角度思考会计问题。因此，也就有了 2000 年之后几年的研究转型和拓展。在研究转型方面，主要是重点转向实证会计研究；在研究领域的拓展方面，主要是拓展了盈余管理、资本市场基础的会计和公司财务理论的研究。其中，《盈利管理研究》（中国财政经济出版社出版）、The earnings management by Chinese A-share firms in the IPO process（China Accounting and Finance Review），以及《财务战略——基于商业周期的分析》（中国财政经济出版社出版）等都是这一阶段的主要研究成果。

由于自 2000 年初开始既做一些拓展性的研究，又担任管理学院的院长，我感觉原本累积的知识和掌握的方法很快又力不从心了。2004 年 5 月，在卸任院长后，得到美国富布赖特（Fulbright）项目的资助，使我有机会到卡内基梅隆大学开展为期一年的学术研究。由于这次访问研究的目的比较明确，工作开展也比较顺利。这些研究工作大体上可分为两组：

第一组是公司高管会计责任的法庭审理分析。这一研究首先是想拓展会计的研究内容。过去在研究会计时，较少牵涉公司高管，尤其是公司高管的会计责任。在这一期间，我通过对多家美国公司会计舞弊事件的研究，发表了"萨班斯法案的实施环境与 CEO 会计责任的追究——以南方保健公司前CEO法庭审理为例""私人信息与CEO会计责任的认定——以前世通公司CEO埃贝斯法庭审理为例"等多篇论文，试图表明"会计并非会计之会计，而是高管之会计"的观点。后来我在编写《会计理论》教材时，专门有一章讨论"契约关系与管理层会计行为"。在这一研究中，我还尝试了新的研究方法即法庭审理分析。法庭审理过程中的起诉书、原告与被告及其律师的法庭辩论、证人证词等都是我们这些"外行"研究者理解会计舞弊事件及其缘由，尤其是了解会计行为背后操盘手动机的更全面、更清晰、更有力的资料。在《公司高管的会计责任——前世通公司CEO法庭审理分析》一书中，我试图用法庭审理分析的方法拓展公司高管会计责任这一研究领域。这一研究方法，类似于人们常讲的档案研究方法，这是我们能够充分利用文档资料揭示会计行为动机的更为合适的方法。当然这种努力和尝试，是否能得到学术同行的认可，还有待时间的检验。

第二组是会计与公司治理的研究。当时主要通过阅读大量文献，做了系列文献回顾和述评，如"会计信息质量经验研究的完善与应用"[1]、"投资者保护与财务会计信息质量"[2]。这一工作对我后续的研究，尤其是学术思想的发展影响甚大。主要体现在：一是2007~2010年间我承担的国家自然科学基金重点项目"投资者保护

---

[1] 本文刊登于《会计研究》，2005年第6期。
[2] 本文刊登于《会计研究》，2006年第10期。

的会计控制研究",对投资者保护机制及其会计的角色开展了系列问题的探讨;二是从2007年开始关注的"关联股东及相关财务与会计问题的研究"。实际上2010年和2013年我承担的两个国家自然科学基金面上项目都与此领域密切相关。在这个领域中,主要依次研究了以下问题:(1)"大小非"减持与会计盈余管理;(2)股东关系形成及股权交易中股东合谋的研究;(3)关联股东治理角色的研究;(4)我国企业股权"异象"的研究。我所撰写的短文"拓展会计的治理角色",正是对从事这一领域多年研究后的小结。

会计的功能定位决定着会计在社会经济生活中扮演的角色。传统上,尤其在我国,通常认为会计有两大基本功能:一是会计核算,二是会计监督。我国的《会计法》明确规定:会计机构和会计人员依法进行会计核算、实行会计监督。

改革开放以来,随着我国企业的市场化改革和政府职能的转变,会计核算越来越定型为财务会计信息系统,为投资者、债权人、管理部门和利益相关者提供可靠、相关的决策信息;会计监督也越来越向内部控制和财务监督靠拢,发挥着内部控制和宏观经济监督的作用。

与我国经济社会快速发展相比,会计的功能、会计在社会经济生活所扮演的角色仍然相当受限,会计发挥作用也面临"天花板"。

第一部分　学习写作与研究

出席公司治理青年学者论坛

正如大家所了解的，我国正开展全面深化改革、全面推进依法治国。其主要目的是实现企业转型与经济持续发展，推进国家治理体系和治理能力现代化，全面建成小康社会。与此相适应，在我国，会计的治理角色正在不断拓展。具体可以从三个层面来看：

第一，会计的公司治理角色。会计是公司治理的利器，会计的公司治理角色主要体现在：会计，尤其是财务会计信息进入公司治理过程，在公司战略决策，高管激励和约束机制的设计、运行和评价中发挥治理作用。同时，透过内部控制，约束财务舞弊和内幕交易等内部人的机会主义行为和利益侵占行为，降低代理成本。会计的公司治理角色还表现为会计信息有助于缓解公司内部人与外部投资者之间的信息不对称，促进资本市场顺畅、有效配置资源，保护投资者的权益。

第二，会计的政府治理角色。会计也是政府治理的利器，会计的政府治理角色主要体现在：会计信息渗透到政府决策、宏观经济政策制定、公共资源配置过程中，促进政策决策的科学化和规范化、提高公共资源配置效率；会计在政府征税、财政预算与执行监管等方面，通过提供财务信息，实施会计监督等，提升税收征管和财政管理水平；政府在实施对国有企业监管（如资本管理、财务监督、业绩评价和高管薪酬管制），尤其是分类监管中，会计也扮演着独特的治理角色。

第三，会计的社会治理角色。社会组织建设是推进国家治理体系和治理能力现代化的重要组成部分。会计不仅仅在社会组织壮大与有序发展过程中发挥着重要的作用，更重要的是，会计信息披露将成为公民、社会组织参与社会治理，监管政府、公司，建设公平、公正、透明社会的重要要素。

会计治理角色的拓展不仅意味着会计在我国社会经济生活中发挥重大的作用，同时也意味着在我国，以会计、审计、税务、经济管理及其他相关知识为载体，以帮助所服务的企业单位、事业单位、政府和其他社会组织实现特定经济管理和监督目标所需的会计专业服务市场将进一步扩大，从而为会计职业发展提供更多更有价值的机会。一是会计专业服务需求持续快速增加、客户持续从公司扩大到政府和其他社会组织；二是高要求和高附加值的会计服务市场需求在总需求中的比例持续增长；三是会计职业的"天花板"有望不断突破，越来越多的公司、政府部门和其他社会组织需要会计背景及经验的高层管理人员。

因会计的治理角色不断拓展，会计发挥作用的"天花板"将越来越少，"天窗"则越开越高、越开越大。

第二部分 不断完善会计研究的基本逻辑思维与方法

　　前面提到，过去三十多年自己在会计改革与会计准则国际协调、会计理论基本结构与会计发展理论、会计信息与盈余管理、公司高管的会计责任、企业财务战略、会计的治理功能、关联股东及相关的财务与会计问题七个小领域中做过一些探索。随着研究的持续与深入开展，我也在不断思考、探索会计研究的基本逻辑思维与方法问题。下面重点对会计研究中基本逻辑思维与方法问题做一初步的归纳总结。

一、明确科学问题的重要性

从 1984 年开始正式写作并发表第一篇会计论文开始，至今已有三十余年，自己一直在思考这样一个问题：会计研究如何体现科学研究的基本特征？会计研究中应如何抓住科学问题？科学问题在会计研究中处于什么样的位置？

为了理解上述问题，首先必须明确在做会计研究时，抓科学问题的重要性：

第一，会计研究定位的根本是科学问题。现在做研究提倡"三个面向"，即面向国际学术前沿、面向国家重大战略需求、面向国家和地区经济社会需求。面向国际学术前沿的会计研究，科学问题当然首当其冲。即使是面向国家重大战略需求、面向国家和地区经济社会需求的会计研究，也绝不仅仅是政策研究，其中也包含重要的科学问题。"我国哲学社会科学应该以我们正在做的事情为中心，从我国改革发展的实践中挖掘新材料、发现新问题、提出新观点、构建新理论。"[①]第二，项目申请的论证，关键是提出、界定并论证科学问题。在项目指南和项目申请书中，必要求明确提出关键的科学问题，即项目拟解决的关键科学问题。有经验的评审专家很可能从"是否凝练出科学问题""科学问题是否明确"或者"科学问题的研究价值是否突出"等方面评议项目申请。由此可以看出，做研究首先要明确提出有价值的科学问题。

第三，学者的学术生命应该是孜孜不倦地对科学问题进行探索。如果脱离或停止了对科学问题的探索，也就表明学者学术生命的结束和终止。

[①] 2016年5月17日习近平总书记在哲学社会科学工作座谈会上的讲话。

出席国家自然科学基金工商管理学科战略研讨会

二、什么才是科学研究

关于什么才是科学研究，我尚难以准确加以回答。《水浒传》第九十六回"幻魔君术窘五龙山 入云龙兵围百谷岭"中有一个情节，宋江阵营里的"入云龙"公孙胜破了乔道清的妖术，手中仗剑指着乔道清说道："你那学术，都是外道，不闻正法，快下马归顺！"乔道清则回应，"今日偶尔行法不灵，我如何便降服你？"公孙胜道："你还敢逞弄那鸟术么？"从这段对话中可以看出，妖术、歪门邪道、骗人的东西当然不是学术。回到当今，胡乱编造、数据造假、抄袭的"研究"当然不是科学问题研究。

明代思想家李贽在《孔明为后主写申韩管子六韬》中总结出："墨子之学术贵俭……商子之学术贵法，申子之学术贵术，韩非子兼贵法、术。"从这段话中可了解到，俭、法和术分别是墨子、商子和申子之学术，也可以讲是理论和科学的精髓。

前面举的两个例子都是中国古人的理解，与现代科学尚存在比较大的差距。根据现在的理解，科学本指分科而学的意思，后指将各种知识通过细化分类研究，形成逐渐完整的知识体系。也有另外的讲法，科学是一个建立在可检验的解释和对客观事物的形式、组织等进行预测的有序的知识系统。还有更进一步明确的提法，科学或者学术是系统专门的学问，是对存在物及其行为规律的学科化论证。说句心里话，看完这些论述，我对科学或科学研究还是有点云里雾里，不知如何下手。

长期在综合性大学做研究有一个好处，那就是有比较多的机会看到不同学科的学者做不同领域的研究，除了身边做社会科学的，还有很多做人文、理科、工科和医科研究的。反复观察、细细琢磨，感觉还是"科学或学术是对存在物及其行为规律的学科化论证"这句话比较有道理。可以这样想，做科学研究也就是对存在物及其行为机理的探索。存在物及其行为的机理，也就是它们产生、成长、演变、衰老、蜕变、消失的机理（形成和作用机理）。机理的研究是科学研究的核心精髓，也是最重要的科学问题。

按照我的初步理解，规划与实施一项科学研究，涉及现象、场景、动机、后果、理论和证据等要素。其中：

（1）现象：开展科学研究，首先要观察现象，也就是存在物及其行为的特定现象。尽管文献很重要，但我仍然认为，观察存在物及其行为的特定现象是做好科学研究的第一步。

（2）场景：做研究有不同的场景，实验室是场景，洁净室（clean room）也是场景，存在物及其行为生存、作用的地方也是场景。没有场景的概念，也就难以发现存在物及其行为产生、演变或消失的机理及其作用的机理。很难有放之四海而皆准的机理，只能有在特定场景可重复检验的证据和理论，即理论和证据都是有前提和条件约束的。

（3）动机：任何事物、任何行为的产生、演变或消失都有其动机（incentive）和缘由。"没有无缘无故的爱，也没有无缘无故的恨"，这是我们在日常生活中常听到的一句话，而做科学研究更要最讲究有缘有故。动机自然与有缘有故相关。

（4）后果：任何事物、任何行为的产生、演变或消失都有其后果（consequence）和后效。后果和后效的呈现有助于揭示和解释动机，帮助人们真切地看到存在物及其行为的缘由。无论是揭示动机还是呈现后果，都不能离开特定的场景。

（5）理论：科学成果中既包含了理论也包括了证据。按照词条的解释，理论是指人们关于存在物及其行为的知识的理解和论述。在科学研究的构件中，理论是表达存在物及其行为在特定场景动机和后果的概念化和理论提升,也就是存在物及其行为的机理。

(6)证据:证据是科学成果的另一种呈现方式。理论作为科学成果最重要的体现,最终是离不开证据支撑的。如果理解了这一点,在我们的会计研究之中,也就不应该太纠缠于规范研究与实证研究孰是孰非。

归纳起来,科学研究的根本在于发现机理、揭示机理。在此过程中,需要研究者观察现象并找到合适检验的场景,需要揭示动机和后果,更需要学科化地归纳和演绎理论并呈现有效、客观的证据。这是科学研究最基本的逻辑,具体如图2-1所示。

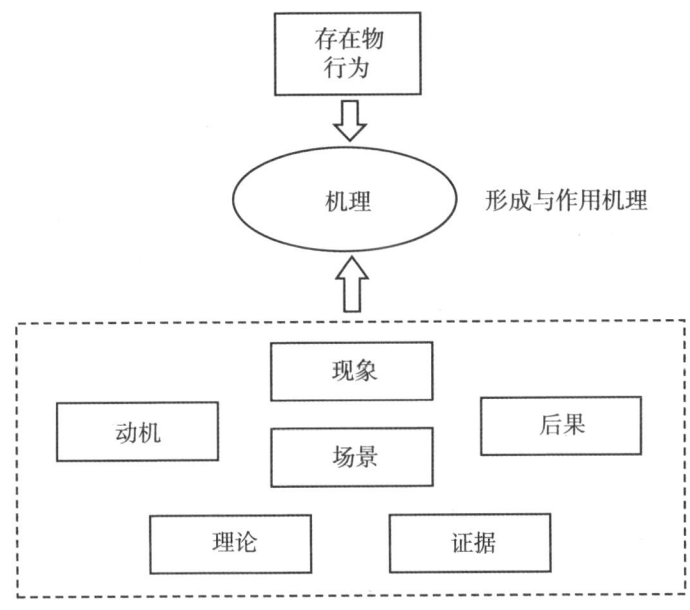

图2-1 科学研究的基本逻辑

三、会计科学研究的基本逻辑

如何做会计的科学研究？同样是一个很重要的问题，依我目前的累积，还不能很完整地加以回答。但经过三十多年的尝试，确实也可以谈一些自己对会计科学研究的基本逻辑的感悟和认识。

1. 从会计经典文献中得到的印证与启示

在学习和尝试会计研究的过程中，有三篇经典文献让我感触最深，也对我理解会计科学研究的基本逻辑有很大的帮助。

第一篇是1968年鲍尔和布朗（Ball & Brown）在《会计研究》杂志（Journal of Accounting Research）发表的"会计收益数据的经验评价"（An empirical evaluation of accounting income numbers）。在鲍尔和布朗之前，尽管人们也在谈论会计的各种作用，但更多地是讲会计干了什么，比如审核凭证、处理账务和编制报表等，主要是通过阐述其工作的繁杂、辛苦和工作量，以及其规范、科学的程序和方法来说明会计的作用，是以会计行为发生的部门、办公室和人员的劳动评估其作用的，是自己看自己、自己衡量自己。但会计信息的作用绝不是因为你辛苦、你做了大量的规范性工作而就存在并被认可的。鲍尔和布朗开创性的会计科学研究是因为：他们首先观察到了会计信息对股票估值发生作用的现象，找到了一个可检验其作用的场景即股票市场，分析了会计信息披露的动机并呈现出其经济后果。更重要的是，他们进一步提炼出会计信息含量和决策有用性的理论，并提供了可重复验证的科学证据。

第二篇是1985年希利（Healy）在《会计与经济学》杂志（Journal of Accounting and Economics）发表的"奖金计划对会计决策的影响"（The effect of bonus schemes on accounting decisions）。希利的研究同样具备会计科学研究的基本特征，他观察到了会计决策（行为）是如何受分红方案（奖金契约）影响的这一重要现象，找到了一个检验影响会计决策的特定场景（契约）。正是因为有了这样一个合适的研究场景，他就能够比较科学地揭示会计行为的动机并检验其经济后果。不仅如此，作为一项开创性的会计科学研究，希利还提出了会计行为的经理人薪酬契约解说，提供了令人信服的证据，最后从一个侧面揭示了会计决策的机理。

第三篇是1991年琼斯（Jones）在《会计研究》杂志（Journal of Accounting Research）发表的"进口救济调查期间的盈余管理"（Earnings management during import relief investigation）。尽

管琼斯的研究与希利有相似之处,都是考察会计行为机理的,但她的开创性在于新的研究场景,这个场景不在企业内部(薪酬契约),而是外部管制。琼斯以美国国际贸易委员会(International Trade Commission,ITC)对企业进行进口救济调查这一外部管制机制为场景开展研究,以ITC调查年度为事件期间,选取汽车制造、碳钢、不锈钢、铜和鞋类5个诉求ITC进行伤害检测的行业,分别考察其应计利润(ACCR)的变化和净利润的变化,发现调查期间样本公司向下操纵盈余,诱使政府相信其盈利因产品进口正在遭受影响,以争取获得政府的进口救济。琼斯的会计科学研究揭示出会计的政治成本假说。

尽管会计本身究竟是一种艺术还是一门科学尚存在争论,但这并不影响人们做真正意义上的会计科学研究。就像撰写历史与从事历史学的研究一样,人们都可能一时相信"历史是由胜利者书写的"(History is written by the winners),但事实真相终究存在,历史事件的发生也终有其缘由,这就有了历史学的研究。人们从不怀疑历史学是一门科学。做账和会计确认、计量及信息披露有一定的"艺术"成份,但这并不应成为否定会计学是一门科学的证据。上述三篇经典文献所展示的会计科学研究,也印证了前面所讲的由现象、场景、动机、后果、理论和证据等构成的科学研究的构件。会计科学研究的根本也是在于揭示会计作用的机理和会计行为的机理。

2. 开展会计科学研究的若干核心要点

我清楚地记得，希利和帕利普（Healy & Palepu，2001）提出的现代财务会计研究的一些基本特征。这些特征包括：市场检验而不是个人的主观判断；建立在市场有效假设或修正后的假设基础上；用一系列的理论（如代理理论和契约理论）解释会计准则制定、会计政策选择与各种信息披露行为。这一归纳有一定的合理性，但并不完整。以我自己的经验和理解，开展会计科学研究至少应掌握以下要点：

（1）观察会计行为是开展会计科学研究的起点。

做会计研究，首先得观察会计或与会计相关的行为，坚持重大问题导向。识别有研究价值的会计行为（现象）是规划和开展会计科学问题研究的第一步。"只有以我国实际为研究起点，提出具有主体性、原创性的理论观点，构建具有自身特质的学科体系、学术体系、话语体系，我国哲学社会科学才能形成自己的特色和优势。"[①]

会计行为一般包括：财务会计的原始数据甄别、确认与计量、财务报告与信息披露等；管理会计信息系统中的预算编制、长短期决策分析、业绩考评与激励等；与会计信息相关的行为主要有审计

[①] 2016年5月17日习近平总书记在哲学社会科学工作座谈会上的讲话。

鉴证、分析师、信用评级、资产评估和内部控制等。很粗浅地想想，在不少于上百种的财务会计政策，不少于几十种的披露策略，不少于几十个的管理会计信息系统要素，不少于十多类与会计信息质量有关的鉴证、印证、增信或控制机制中，如何找到比较有研究价值的会计或与会计相关的行为，也就是人们通常所说的现象，首先应培养对会计行为（现象）的直觉。无论是自己做研究，还是指导学生做研究，我都把培养直觉作为开展会计科学研究的重要一环。

直觉不是天生固有的，需要培养和训练，其中，关注财经新闻、财经政策和实践经验是培养对会计行为（现象）直觉必不可少的环节。这就要求研究者必须把阅读财务报告与信息披露，浏览财经报刊/网站（国内与国际的），进行实地调研与交流，熟悉统计工具的使用并在碰到可能有研究价值的现象时先做些初步的统计分析，培养成为一种职业习惯。培养直觉时，需要树立科学的价值观，也要有宏观经济的概念，还需设身处地从企业实际的角度去考虑问题。

举两个很简单的例子来说明什么样的会计现象值得关注和研究。比如，以原始数据甄别为例，我们会看到现实中存在两种不一样的报销制度，一种是我们习惯的实报实销（凭发票），另一种是按预算或按标准报销。这就是现象，考察这一现象就有可能着手研究信息质量、舞弊与控制体系、预算效率等问题，设计出很有价值的研究项目。又如，很多的行政、事业单位每年年底都要做大量的调账工作，也许从"调账行为"就可研究财政预算的效率、应计制与收付制的功效、舞弊行为的发生机理等。

再举一个稍微抽象一点的例子。很多人都在做会计舞弊、会计信息质量失真及其治理的研究。我们是看到了这些现实问题，但却不知如何凝练科学问题。最近我提出了"会计信息参与者风险收益不对称差异及信息质量治理机制研究"这样一个课题。在我的初步认识中，会计舞弊或会计信息质量失真，主要原因在于不同的会计信息参与者（如大股东、高管层、会计人员、审计师、券商等）的风险收益不对称性存在明显差异，会计信息质量治理机制的核心在于解决会计信息参与者的风险收益对称问题。从这些例子可以看出，包括会计学在内的社会科学研究，都必须更加注重面向重大实践问题，以此凝练基础理论和重大科学问题。

需要指出，观察现象本身并不是目的，而是希望找到一个研究理论的切入点。比如，过去我们曾重点考察过某上市公司的利益输送、国企分红、关联投资、关联股东等特定现象，但研究的却是控制权理论、过度投资理论、公司治理理论等。比如我与刘峰教授等合作的"控制权、业绩与利益输送——基于五粮液的案例研究"[①]就是因为找到了一个比较好的现象观察点（利益输送），方便了控制权

---

① 本文刊登于《管理世界》，2004年第8期。

理论的研究。又如，我与柳建华合作的"国企分红、治理因素与过度投资"[①]，通过考察国企分红的特征，揭示过度投资的形成机制。上述两篇论文在2015年第11期《管理世界》公布的高被引文献（1985~2015年）中分别排名第6位和第8位，产生了较大的影响。还有，我近年来与林秉旋、程敏英博士合作，通过考察关联股东的一系列行为特征，重点研究了大股东的监督功能、管理层激励作用的异化等公司治理理论。这些成果主要体现在多个大股东之间的关系如何影响公司价值、家族企业的高管薪酬：多个家族成员的影响、新兴市场的非控股股东角色：来自中国的证据等论文中。

（2）会计科学研究应找到合适的观察会计行为机理的场景。

会计学是一门社会科学，与自然科学的研究既有相同之处，又有很大的差别。我常有机会去看理科、医科的实验室、洁净室，那是他们做科学研究的场景。我们做会计科学研究通常都没有实验室，也不是在实验室里做的。即使是从事自然科学的研究，也有很多是在野外可控的场景中做的，比如生态学和流行病学。我有几位做登革热研究的同事，专门研究以蚊治蚊、阻断登革热传播途径的，他们就选择一个小孤岛投放沃尔巴克雄蚊，研究携带沃尔巴克氏体雄蚊与非携带沃尔巴克氏体雌蚊交配，所产的卵不能发育，多代之后

---

① 本文刊登于《管理世界》，2007年第4期。

的蚊子都将成为打了"疫苗"的蚊子即"种群替换"。这个海边的小孤岛就成为他们的研究场景。做会计研究,尤其是想要探究会计(或相关)行为的机理,关键是找到会计行为作用或行为形成的场景,也就是我们研究的场景。

哪些是研究会计或与会计相关的行为比较合适的场景?希利和瓦伦(Healy & Wahlen,1999)从行为动因出发,将盈余管理分为资本市场动因、契约动因和监管动因三类。根据以往的经验和会计功能的发展,目前我感觉可以考虑从四个大维度去寻找会计研究的场景:

在香港城市大学出席
CJAR暑期工作坊

一是从治理体系中寻找会计研究场景:公司治理是治理体系的一个组成部分,除了公司治理外,治理体系还包括政府治理和社会治理等。会计具有治理的功能,有助于缓解信息不对称、约束内部人的机会主义行为;治理体系也是影响会计行为的重要因素。不同的治理体系、不同的治理质量都会对会计行为产生影响。企业会计如此,政府会计、其他非盈利组织的会计也是如此。随着会计治理功能的拓展,以治理体系作为场景的会计研究越加重要、地位也越加显著。

二是从市场中寻找会计研究场景:市场,尤其是股票市场、债券市场、信贷市场、企业或股权并购市场、经理人市场和产品竞争市场,既是会计信息可传递到、作用到的地方,也是会计行为的重要影响因素。无论是检验会计信息的效率如信息含量、价值相关性,还是追踪会计行为的动机,市场都是一个比较适合的会计研究场景。随着资本市场会计研究的兴起,以这类场景开展的会计研究越来越多。

三是从制度层面寻找会计研究场景:制度尤其是监管制度,如收费、税收、行业监管等方面制度,都对会计行为有重要的影响。同样,与企业契约相关的聘任、激励、晋升等合同和其他竞争机制也是会计行为的重要影响因素。会计行为不仅仅是被动地受制度和契约的影响,也在所谓"上有政策、下有对策"中发挥独特的作用。也就是说,会计行为也常主动地应对制度和契约("上有政策"),是"下有对策"中应对的重要组成部分。契约动因和监管动因的盈余管理就是其中的一类"下有对策"。此外,会计准则的修订,也可能是配合其他经济政策的出台而做出的。比如,2008年全球金融危机发生后,二十国集团(G20)峰会提出了一系列应对金融危机的措施,有关公允价值的会计准则受到了质疑,修订或冻结公允价值会计准则的使用也就成为应对金融危机的一项对策。随着经济与管理理论在会计研究中的广泛应用,这类场景的会计研究也得到了较大的发展。

四是从管理过程中寻找会计研究场景:管理过程,尤其是企业的管理过程,如战略管理、组织管理、人力资源管理、生产运作管理、营销管理和研究与开发管理等,也都是特定会计行为研究的可选择场景。由于近年来管理会计研究没有得到应有的重视,目前这类场景的会计研究还比较少,也不够深入。

关于寻找上述会计科学研究的场景,如图2-2所示。

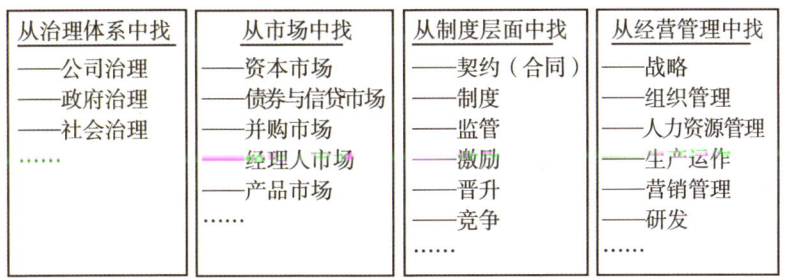

图2-2 寻找合适的会计科学研究场景

前面谈到过三篇对我影响甚大的会计经典文献。不难看出,这三篇经典文献，都有一个共同的特点，即它们都开创性地找到了一个合适的场景，并用于检验会计的决策有用性或会计行为的形成机理。比如，鲍尔和布朗开创性地运用了股票市场作为检验会计信息决策有用性的场景；希利则把分红方案（奖金契约）作为检验会计行为影响因素的特定场景；琼斯以外部管制机制为场景，揭示了会计的政治成本假说。

场景的观念还告诉我们，做会计研究不能只看到账本、报表和披露的信息本身，也不能仅仅看到财务与会计部门、办公室、办公桌上所做的事情，而是要去看这里所做、所发生的事情究竟对市场、监管和契约、治理及管理过程产生了哪些实际影响，还要去进一步探究这里所做、所发生的事情究竟受到了市场、监管和契约、治理及管理过程什么样的影响。也就是说，看会计的作用要"跳出"部门和办公室，看会计行为的决策也要"跳出"部门和办公室。为此，在拓展并找出合适的会计或与会计相关的行为的研究场景时，还须关注到以下五点：

一是要具备多（跨）学科的知识。学科知识跨不出去，只有会计单一学科的知识，就很难想到其他研究场景，也很难运用好其他研究场景。

二是要深入剖析会计行为的动机。深入剖析会计行为的动机，既有助于人们理解会计信息的作用方位，也有助于人们识别会计行为的影响甚至决定因素。如果会计信息的作用方位是股票市场，股票市场当然就成为会计研究的场景；如果能识别出是应对收费监管动机的会计行为，那么收费监管也就应成为这一会计行为研究的场景。

三是要深入揭示会计行为的后果。与上面讲到的动机相类似，深入揭示会计行为的后果，不仅有助于人们理解会计信息的作用方位和程度，也有助于人们真正识别会计行为的影响甚至决定因素。例如，如果你分析出了会计信息能够降低内部人与外部人之间的信息不对称，那意味着公司治理就成为你研究会计的场景。我曾经有一位在职的会计专业硕士生，她观察到她所在公司的会计处理与集团对其（子公司）的营销业绩考核有密切的关系，我建议她把考察会计行为的场景放在营销业绩考核方案（契约）上，撰写的学位论文令我比较满意。

四是要加深对会计行为"参与者"的认知。表面上看，账务是会计处理的，报表是会计编制的，但会计行为的"参与者"绝不仅仅是会计人员本身。会计人员可以被认定为会计行为的亲历者，但会计行为的决策者、影响者却还有来自其他方面的人，有公司的领导、大股东，也可能有其他的外部人，如政府部门。我们因为长期在大学或研究机构工作，对实际发挥影响的人、其中的奥妙知之甚少，所以在选择研究场景时，要格外小心，下足功夫通过文献、交流与考察等调研方式加深对会计行为"参与者"的认知，这是必不可少的环节。

五是要将会计研究的对象从企业扩展到政府、社会组织等。我们目前的大多数研究是以公司为主要对象的，缺乏对政府和其他社会组织的会计研究。即使我们在做公司会计研究时，也没能很深入地看到与政府和其他社会组织之间的关联。将会计研究的对象从企业扩展到政府、社会组织等也有助于人们拓展会计研究的场景。

很多人都读过费孝通先生的《江村经济》。这部著作的学术影响甚广，对历史学、文化学、社会学、政治学、经济学和伦理学都产生了重要影响。反观我们的会计研究，或许对企业管理理论、少部分领域的经济理论有些贡献，但整体来讲其学术影响是十分有限的。导致这一结局的原因有很多，但场景可能是其中的一个重要因素。也就是说，场景可能会决定会计学术的影响。我曾经想象过可否对1957~1976年中国乡村（大队、生产队）、改革开放以来中国乡村的会计做些研究？这些研究表面上是会计的，实际却蕴含着大量的历史学、社会学、文化学、政治学、经济学问题。如果哪位学者真的能沉下心来以这类场景做研究，或许还能产生像《江村经济》那样具有重大影响的学术成果。

3.会计科学研究的关键在于从理论上解释会计行为的动机和后果

动机（incentive）主要是指通过激发和鼓励，使人们产生一种内在驱动力，使之朝着所期望的目标前进的过程。动机涉及行为的发端、方向、强度和持续性。研究会计行为的动机是揭示会计行为机理的关键。任何会计行为都是有缘有故的，无论是会计行为的产生、演变还是消失。

后果（consequences）是指存在物或行为产生、演变或消失的后效，即带来的影响。就会计行为来说，表面上的结果是账目和报表等信息，但其真实后效可能是针对市场的投资者或参与方，与监管、契约、治理和管理过程有关的利益者相关者，可以表现为财务的或市场的绩效，经济的、政治的或社会的后果，个人的、团队的或组织的利益，短期的或长期的绩效。任何会计行为，即使它是打着提供"公共产品"的名义，但事实上都会给相关方产生后效。世间万物，有因必有果，有果必有因。佛经上也说，有这个因就有那个果，"此起固彼起，此生固彼生"。做科学研究，必须透过动机追究原因。

解释会计行为（动机或后果），首先需要理论。目前大多数情况下会计研究是在借用其他学科的理论。初步归纳一下，常被用来解

与出席财政部会计名家培养工程项目成果报告会的领导和专家合影

释会计行为的理论主要来自经济学、管理学和社会学,具体有以下几类:资本市场效率理论(信号传递理论、信息不对称理论);交易成本理论(制度成本、管理成本理论);代理理论(代理成本、激励与监督理论,公共代理理论);契约理论(社会、政治、经济、文化、习俗);产权理论;社会资本理论(关系、网络,政治关联);等等。借用这些理论对会计科学的发展确实有促进,比如目前发展起来的盈余管理市场动因、契约动因、制度(政治成本)动因理论,各类绩效、成本、流动性、效率等解释会计行为的后果理论。

解释会计行为(动机或后果)终究需要有自己的理论。令人遗憾的是,在这方面会计学术界做得还很不够,自己做得就更少了。迄今为止,我还没有办法看清并归纳出究竟哪些是完全属于会计自己的,并能揭示会计行为(动机或后果)的理论?我们都知道,借用尽管能解决一些燃眉之急、皮毛问题,对会计科学的发展也有些促进,但终究不是办法。这是后面我们需要更加努力的方向。尤其是在揭示会计(或与会计相关的)行为的机理时,如果没有自己的理论,几乎是难以深入的。

4. 会计科学研究的基础在于用证据呈现会计行为的动机与后果

解释会计行为(动机或后果),不仅需要理论,也需要提供科学而合理的证据。科学研究既不是耍嘴皮子,也不能只讲妙笔生花,证据是基础。早期我们是以论点和逻辑作为证据，后面做了一些案例研究，希望以案例资料和分析作为证据，再后来比较普遍地用大样本统计资料作为证据，确实是越来越实在，但新的问题又出现了。那就是，证据越来越破碎、越来越零散，越来越盲人摸象，摸到鼻子说是鼻子，抓到尾巴说是尾巴，迷惑了事物的整体，制约着理论的总结和提升。

因此，证据的科学合理呈现影响着理论的发展。我的初步体会是，证据的科学合理呈现需要考虑到以下四点：

第一，证据不完全是数据，符合逻辑推演要求的论点同样是好的证据。

第二，证据不完全是只靠统计而来，科学的实验、案例访谈、史料文本和逻辑推演也是获取证据的方式。在史料文本的利用方面，我们与历史学的研究相比存在巨大的差距。举个很简单的例子来说，针对每一会计行为的决策研究，我们很少去查阅财务部门的请示、不同层级领导的批示和各类会议纪要或决议等史料文档，我们更习惯是从大样本数据统计结果中去猜测会计行为的动机；针对会计行为后果的研究，我们也很少去查阅与此会计数据相关的利益分配方案、契约文本等，同样是以大样本数据统计结果替代活生生、真切切的后果和影响。

第三，证据形成的逻辑链条、可控性和可重复性。统计数据要讲究客观，但作为理论证据的数据或资料却应该符合逻辑链条。证据是为理论服务的，是用来支撑理论的。所谓符合逻辑链条，就是指证据也要有证据链，且与需要证实或否定的理论有关联。另外，尽管会计研究中的检验不像自然科学研究中的实验室，但其证据还是要讲究可控的和可重复的。

第四，证据的挖掘，尤其是有关后果证据的挖掘要全面系统。现在的研究提供了比较多的财务的或市场绩效的证据、经济的证据和短期绩效的证据，但仍然较少提供政治的或社会后果，个人的、团队的或组织利益，以及长期绩效的证据。

5. 会计科学研究的根本在于揭示会计行为的机理

前面也提到，会计研究的科学性就在于它应能揭示会计行为的机理，不仅回答"是什么"，还要回答"为什么"的问题，也就是会计行为的存在性，以及是如何存在，如何产生、演变或消失的。

会计行为的机理当然牵涉动机和后果。前者要解释会计行为的发端、方向、强度和持续性，后者则借助经检验的影响和作用印证会计行为的动机。但是，若仅仅是解释了动机、呈现出证据，还不够。要解释会计行为的机理，还需要做进一步的工作：

一是动机和后果的学科化论证。学术的含义在于系统专门的学问,是对存在物及其规律的学科化论证。什么叫学科化论证?目前找不到统一的定义,我的初步理解是:要从某一学科的基本原理、概念和框架去论证,之后才有可能成为该学科的专门知识。会计行为动机和后果的学科化论证也如此。目前我们常常看到很多研究会计行为或后果的"理论",在学科化论证方面偏离得比较产生。主要问题在于没有从会计学的基本原理、概念和框架去论证,而是偏离到了从其他学科,比如经济学的论证、管理学的论证、公司治理的论证,最后真正留给会计学的东西少之又少。

二是要有机地将动机与后果联系起来并可揭示机理。无论是会计行为存在的机理,还是其产生、演变或消失的机理,都与动机和后果有关。在揭示会计行为的机理时,必须将动机与后果有机联系起来,并以科学的形式加以表达。我曾经留意过不少做基础医学研究和做临床医学研究的博士论文题目,前者的一般都比较短,半行十几个字就够了[①],后者则很长,有的甚至两三行有上百个字[②]。道理在哪儿?我感觉前者比较靠近机理的研究,后者离机理的研究比较远。会计研究也存在这样的问题,我们的论文题目经常需要由三个关键术语组成(如XXX、YYY与ZZZ),否则就理不出一篇论文题

---

① 如:泰素诱导触诱发痛机制研究。
② 如:I17-烯丙氨基格尔德霉素静脉注射用于恶性实体瘤患者的单中心、开放、剂量爬坡的安全性和药代动力学试验及相关分子标记物HSP90、HSP70的研究。

目来。我自己和我指导的学生也存在这个问题，比如我与柳建华博士曾撰写过一篇自认为比较满意的论文，发表时的题目叫"国企分红、治理因素与过度投资"，无法提升为"WWW"。这说明在机理的揭示上还是有较大的差距，平时更多是做了一些关联性的检验，至于机理的研究还是探究少了、浅显了，有点像"隔靴挠痒"，没真正靠近、没真正进入，更没深入。因此，最近我常向自己，也向学生提要求，其中之一就是要求选"WWW"的课题，将论文题目变成"WWW"。这不是形式问题，而是希望把会计研究做成真正科学问题的探究。因为，只有深入了，"WWW"问题类的课题才更加靠近机理的研究，才更能揭示机理。

最后还需要指出，做科学研究除了技术方法和路线外，也必须讲究态度。前段时间看到一则故事：中国古代有一位县太爷，他总结自己一生断案的经验体会，提出"勤、谨、和、缓"的四字诀。他认为能做到这四个字，就可以正确判案，避免冤案。这又何尝不是做科学研究的态度和要诀呢！勤就是要不偷懒，眼勤、手勤、腿勤、耳勤、脑勤，关键是勤思考、勤动笔头；谨就是谨慎、不苟且、不乱猜、不轻易下结论，关键在于科学论证和证据；和就是平常心，关键在于能充分考虑各种不同的可能和意见；缓就是不急于下结论，反复推敲、反复斟酌，关键是能熬得住而不急匆匆地要求刊登出来。

第三部分

为会计人才培养和成长多开"天窗"

除了研究和兼任管理服务外，教学永远是我的主业。在人才培养方面，我并没有什么特别独到的经验或窍门。但有一点在我心目中始终看得很重，那就是一直在思索和尝试如何为会计人才培养和成长多开"天窗"？我们都看到，近年来会计专业越来越热门，会计本科专业招生的分数线越来越高。这说明，很多天资聪明、潜质好的学生都进了我们的会计专业。如何把这些学生培养好，不至于让他们在大学中虚度四年、不让他们的未来发展受限专业的限制？这是一个非常关键的问题。讲实在话，目前我也还没有很有效的办法，还是在思考和摸索中。

第三部分 为会计人才培养和成长多开"天窗"

一、"天花板"与"天窗"

为什么会提出为会计人才培养和成长多开"天窗"的命题？首先是因为过去我们在会计人才培养中人为地设置了太多的"天花板"和"隔离墙"。

这些"天花板"很多是有形的，也有很多是无形的。所谓有形的，主要是指在教学内容上，我们给会计专业的学生过度强化了三项内容：

一是会计专业。会计专业的学生当然是画会计专业的"脸谱"，修读高质量的会计专业核心课程是画会计专业"脸谱"的重要方式。问题在于：在会计专业下，我们还划分了更细的×××会计专业或者所谓的专业方向；在会计专业中，除了开设8~10门的所谓专业核心课程外，还开设了多门所谓的会计专业选修课。于是可以看到这样的情形：我们不完全是为培养学生而开课，而是为安排教师的教学工作量在开课；也不完全是着眼于学生的未来发展来开课，而是将学生"困"在所谓的会计专业。

二是会计规则。会计规则是会计行为的基本准则和要求,在会计人才的培养中自然占有很重的份量。不懂规则、不敬畏规则、不守规则,必会逾越,将受到惩罚。但如果只有会计规则而没有市场规则、管理规则,只有死的规则而没有创造性和联合实际解决问题的能力,也不可能培养出有潜力和发展前景的学生。

三是会计监控。会计有很强的监督功能和监控的特性,但也有治理的功能和管理的特性。一味强调会计监控,不讲会计管理,不融入企业的经营管理、公司治理过程,关起门来在办公室独立搞一套监督体系,很难有效,也难以成功。

上述有形的"天花板",都可能阻碍会计人才的培养和成长。事实上,除了有形的"天花板"外,也还有影响更大的无形"天花板",这就是会计人才培养理念。在我们的会计人才培养理念中,很少能真正体现德才兼备、家国情怀和行业领袖的元素。人才培养的目标和方式局限于这些"天花板"。

既然"天花板"太矮或者有问题,那么会计的"天窗"在哪儿?我初步设想,会计的"天窗"在于:专业融合、经营管理、公司(或公共)治理和市场规则。教育的目的在于学生的明天。具体是指：在对事上，能有目的和综合地考虑会计工具的使用；在对己上，能自治自己的行为；在对人上，能与人协同合作。因此，教育学生并使之养成学会自处、学会实践、学会学习和学会共存才是我们教育的根本。我常常思考该怎样培养学生以使他们有能力应对未来的挑战？答案也许就在于少人为地设置一些"天花板"，多开些"天窗"。我非常欣赏台湾云门舞掌门人林怀民先生的一句名言："在水泥地上种花"，变不可能为可能。

与指导的2003届博士和硕士毕业生合影

二、多开"天窗"的方式

既然会计的"天窗"在于专业融合、经营管理、公司（或公共）治理和市场规则，多开"天窗"的方式自然与此相关。开"天窗"的具体方式有多种多样，以下三种方式或许可供参考：

一是要有博"上位"的眼光。博"上位"的提法尽管有点媚俗，但这种意识确是打开"天窗"的一种办法。会计人才培养的基础是会计专业与会计专业精神，但眼光和目标可以是"上位"的，比如经营管理、公司治理、公共治理等。会计原本就是基础和管理的底层，但会计人才的培养却可盯到更上层的领域。会计研究有自下而上的问题，会计人才培养更需要讲自下而上的方法。只有基础而没有眼光，只有方法没有策略，会计人才的成长空间自然不大。这种认识我是从葛家澍教授那儿学到的。我曾经写过一篇怀念葛老师的短文，文中写到：我印象最深的是老师的气度和宽广胸怀。他以厦大为基地作育英才，服务国家。他爱才、惜才，培育学生的学业、引导和支持学生的成长。对于学生的教育与成长，老师给予持续关注、不断支持。他从不为学生设置事业发展的"天花板",却不断提醒学生有关做人要坚守的"底线"和法律上的"高压线"。

二是要敢于闯"市场"。这里的闯"市场"并不是教学生在学期间直接去做生意或者时下很流行的创业。会计立足于"内部",但江湖和地盘可以是"市场"。会计原本是内部的,讲求履行经管责任(stewardship),与管家息息相关,但会计人才的培养不应仅仅盯在公司或单位内部,更不应局限于财会部门,闯"市场"是必不可少的。前面我曾提到,市场,尤其是股票市场、债券市场、信贷市场、企业或股权并购市场、经理人市场和产品竞争市场,既是会计信息可传递到、作用到的地方,也是会计行为的重要影响因素。这里讲的"闯市场",不是指销售人员卖东西,而是要看到会计信息发挥作用的场所以及会计处理要考虑的因素。

三是要形成知识的"组合拳"。知识可以"点点滴滴",会计人才的素养和能力却是"组合拳"。与其他专业相比,会计专业是最讲边界的,但正是因为最讲边界,会计人才的素养和能力往往也很受限。我们培养的学生有很好的会计专业知识,但这并不意味着他们就有很强的社会责任、创新能力、道德操守和人际关系。我们的学生很早就进入了专门化的教育,专业领域优势明显,但基础理论、通用化能力的培养和跨学科知识组合不够。所谓知识的"组合拳",

第三部分 为会计人才培养和成长多开"天窗"

就是要将会计专业能力与基础理论、通用化能力的培养和跨学科知识组合起来,形成持续的创新能力。关于这点认识的形成,得益于我长期在综合性大学任教,还得益于我有机会通过参加国家自然科学基金委员会管理学部、全国MBA教学指导委员会以及国务院工商管学科评议组的一些工作,接触到不同学科、不同专业领域的专家,从他们的研究和发言中我理解到知识组合的重要性。

出席国务院学位委员会工商管理学科评议组工作会

三、会计教与学方式的转变

现在我们的会计教师通常是这样的：教"基础会计"+"财务会计"的教师、"财务会计"+"财务管理"的教师、"审计学"的教师、"管理会计"的教师，等等。在教基础会计和财务会计时，我并不懂经营管理、政府管理，在教财务会计和财务管理时，我也不懂银行信贷、投资管理和经营管理，在教审计时，我不懂纪检督查、公司治理，在教管理会计时，我也不懂研究开发、生产运作和战略管理。会计就是会计，管理就是管理，两张皮、隔肚皮，各教各的、各自有自己的逻辑，画地为牢，交接少、混搭更少。

我想这不应该是我们应有的教，也不应该是学生应有的学。我常常在想象，未来是否存在"经营管理集成会计""公司治理集成会计""资本市场集成会计"和"公共管理集成会计"？具体的集成会计教与学如图3-1所示。

举个例子来说，在某个学期（或学年），我们开设的是"经营管理集成会计"的组合课程,里面有多门相关的具体课程,某位会计教授是这一组合课程的总导演和总协调人,其场景就是经营管理;每门具体课程有自己的教师,但他们一起备课,协同授课。在这样的会计教学中,我们是否有能力去组织、指导这类课程组合。因为这时,我们既是某门会计课程的授课者,也是某类课程组合的组织协调者(导演)。同样,我也怀疑我们的学生是否能适应这类课程组合的学习。在这样的课程组合中,教师的角色要变,学生的角色也要变,学生不应再是独舞的演员,更不是互不关联独门知识的接受者。

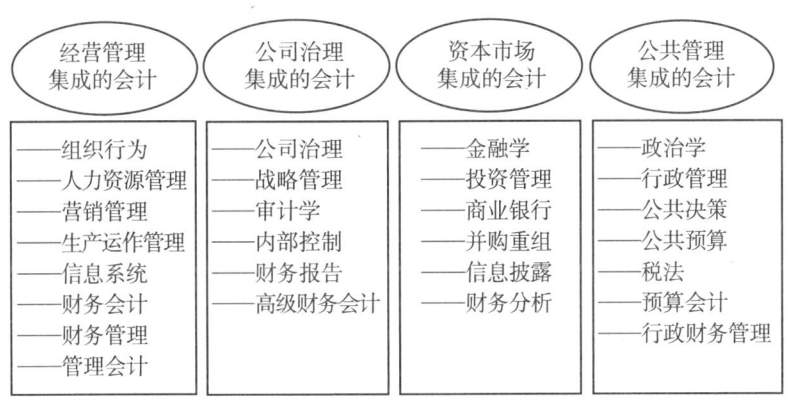

图3-1　课程组合

与会计研究相类似,会计的教与学也需要场景的概念,要将会计行为置于特定的场景去考究与分析。这些场景可能是企业的经营管理、市场、治理体系或者制度与契约等场景。没有场景,就没有舞台，尤其是在互联网、智能技术和大数据时代，会计将很可能变得越来越是纯技术方法，变得更加"没心没肺"。需要解释一下，这里说的所谓"没心没肺"是指既想不到会计行为的动机，也看不到会计行为的后果。正式因为这样，在会计的教与学中，我也希望对会计事项和会计处理的思考能置于如图3-2所示的场景中。

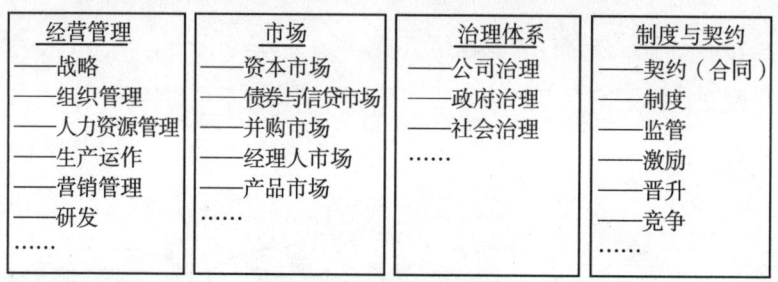

图3-2　会计教与学的场景

有场景的会计教与学，才可能是有心有肺的、活生生的教与学。设想一下，如果真正将我们的会计教学置于企业经营管理的场景，哪怕是一个具体的战略制定与实施，或者市场营销管理场景，就可真切地看到会计行为的动因与后果，也能看到会计信息与战略制定和实施、会计信息与营销业绩考评和激励之间的相互影响。同样，如果真正将我们的会计教学置于市场、治理体系、制度与契约等场景，那么会计信息系统、会计行为将不再是孤立的，好像是"天然"而来的，但实际是有缘由、有后效的，是相互作用的。

第四部分 部分论著编选及其回忆

在本书撰写的缘起中我曾经提到：自1984年发表第一篇论文以来，陆续发表了过百篇的学术论文，并主要在会计改革与会计准则国际协调、会计理论基本结构与会计发展理论、会计信息与盈余管理、公司高管的会计责任、企业财务战略、会计的治理功能、关联股东及相关的财务与会计问题这七个小领域中开展探索，形成了一批研究成果。尽管有些论文是在国内名刊或国际刊物中发表，也有些论文单篇引用次数过千次，但我仍然选择以下8篇论文和1部著作，就其写作背景、目的等问题予以回忆。因为这些论著的写作至今在我的脑海中仍有很多的记忆及感触。

学术界的同行都赞同学术研究应更加注重学术思想创新，更加注重出新理论、新方法、新政策。实际上，创新学术思想是很难做到的一件事情。三十多年过去了，我也还没能做到这一点，但作为自己追求的研究目标，研究过程中的确也在不断尝试、不断探索。

以下所选的8篇论文和1部著作尽管研究的时间阶段不同，但从研究目的上讲都试图在学术思想上有所新意，主观上也希望能对新理论、新方法、新政策的形成有些探索和突破。从选题特点上看，都侧重于基础理论、现实问题或新的领域。从研究方法上看，主要是采用规范研究的方法。这些论文、著作的研究过程如下：

一方面，既反映了自己在学术探索过程中的极大兴奋、苦思冥想和学术追求，也反映出自己当时的知识积累。比如，"论管理性劳动——概念及效益分析""论会计发展理论""论会计透明度"《公司高管的会计责任——前世通公司CEO法庭审理分析》等论文和著作的选题、研究和写作，曾让我兴奋无比，也曾让我苦苦探索，但由于受到自己当时知识积累所限，论著本身的学术思想以及发表或出版后的反响并没有达到预期的成果。

另一方面，既体现出自己做学生时期如何在导师的指导下尝试开展创新研究所做的艰苦探索及其事实上的不足，也呈现了自己做导师时期如何指导学生尝试开展创新研究的巨大努力及其成效和缺憾。尤其是后者，比如"代理人行使信息权力过程中的会计问题""从股权结构到股东关系""企业股权特征的综合分析框架——基于中国企业的现象与理论"都是自己在指导学生的过程中，试图开展创新研究，试图在理论和学术思想上有所突破，但今天看来并没有完全达到预期的成果，不少选题还是属于"半拉子"研究，并没做深做透，也没做完，更没能善做善成，缺憾较多，这也证明了学术无止境！

尽管这些论著不是我们传统意义上理解的代表作，但我仍然乐意分别就这些论著的写作情况写点回忆，不能算是学术观点的归纳总结，只是一些学术研究和教学的分享。

一、"论管理性劳动——概念及效益分析"及其回忆

会计、公司财务和公司治理是我的主要研究领域。很少有人知道在我的早期学术生涯中,曾经迷恋过一个经济学的话题即管理型劳动。20世纪80年代中后期我在厦门大学读研究生时,修读了《资本论》课程,同时也阅读了一些西方管理理论的著作,常在思考会计有什么价值、管理有什么作用、企业家的价值又体现在哪儿等问题。《资本论》中有一个核心观点就是劳动创造价值,但由于受到当时"左"的思想的禁锢,这里的劳动更多被理解为工人的劳动、一线劳动者的劳动。管理者的劳动、会计的劳动、企业家的劳动能不能创造价值?这在我当时的心中,是个很大的疑问。带着这个疑问,我比较系统、深入地学习了《资本论》,对"管理性劳动"这个课题做了一些思考,并撰写了"论管理性劳动——概念及效益分析"[1]"论会计是信息形式的管理性劳动"[2]等论文。其中有一篇是

---

[1] 本文刊登于《江西财经学院学报》,1987年第4期。
[2] 本文刊登于《宁夏财会》,1988年第6期。

1989年撰写的，专门把管理性劳动作为生产要素加以考察（原文已找不到了，确切的题目也记不清了），记忆中是刊登在中国社科院的《经济研究资料》中。与此相关，即使到了2003年我在中山大学工作期间，还撰写并发表过"生产要素按贡献参与分配的管理问题"。①

"论管理性劳动——概念及效益分析"一文开篇就提出：发展社会生产力，提高劳动效益，要从劳动这一基本要素中去找。本文试图通过对管理性劳动及其经济效益的分析，揭示管理性劳动创造剩余产品，完善和发展管理性劳动对于我国社会主义现代化建设具有重大的意义。论文的第一部分讨论信息社会、劳动一体化与管理性劳动；第二部分提出生产领域的管理性劳动创造剩余产品；第三部分专门进行管理性劳动的效益分析。论文最后的结论是：完善管理性劳动是非常有益的，而且盈利率完全以管理性劳动效益为转移。因此，要发展生产力，提高劳动效率，提高经济效益，必须重视发展和完善管理性劳动。

这篇论文发表至今已有三十多年了，我为什么会想起这篇论文，想起这个话题的研究，并愿意重新拿出来与大家分享，原因在于：

第一，从事会计学研究的学者，是否应该也思考一些经济学和

---

① 本文刊登于《中山大学学报》（社会科学版），2003年第5期。

管理学的问题？我个人认为是必要的。在我的学术生涯中，除了"管理性劳动"外，还关注并探讨过"信息权利的性质与特征"以及"代理人行使信息权力"的问题。为什么会做这类问题的研究？一是即使我们主要做的是会计学研究，也可以探索一些与会计学相关的更为基础的经济学或管理学理论，这些思考有助于我们更深入、系统地研究会计学中的问题。在我们这个行当的研究中，更多是借用理论，有经济学和管理学的，也有社会学和政治学的，等等，但借用理论总是鞭长莫及，很多也不合身；二是会计学的研究者对经济和管理问题也可能会有自己的专业视角，背景不同、看问题的角度不同，也可能会对某些经济和管理理论贡献一些独特的观点和证据。

第二，研究会计问题很多时候是不能孤立地就会计看会计，思考相关的经济和管理理论有助于我们加深对会计问题的理解。在我的记忆中，20世纪80年代中期国家一直在强调会计的作用，"经济越发展，会计越重要"不仅是一个口号，更激励着会计人员努力工作。但如何理解会计的作用，会计有什么价值，会计管理又能起到什么作用？这个问题一直困扰着我。会计工作是一项管理工作，会计人员所付出的劳动就是管理性劳动，如果把管理性劳动的性质及其作用理解透了，会计的作用和价值问题也就不难找到答案了。这篇论文有一个基本思想，即管理性劳动的对象是信息，它是能够创造价值的。

第三，很多研究，尤其是社会科学的研究往往存在其特定的时代背景和局限性。比如在这篇论文中有一段话："我们说剩余产品是由管理性劳动创造的，并不是说任何领域的管理性劳动都可以创造剩余产品，它仅仅限于生产领域，只有生产领域的管理性劳动才有可能创造剩余产品。"从这段论述中可以看出，当时我的思想还是有很多禁锢的：一是不敢直接提价值创造，只是借用《资本论》中的剩余产品（价值）概念；二是更不敢突破生产领域，还是只敢讲生产领域的管理性劳动及其作用。因此，做研究写论文，既要考虑时代背景和历史局限性，更要着眼长远，看到事物的本质特性，在深入探究前，有些话不能讲得太满。对我来说，这是个教训。

论管理性劳动——概念及效益分析[①]

魏明海

发展社会生产力，提高劳动效益，要从劳动这一基本因素中去找。本文试图通过对管理性劳动及其经济效益的分析，揭示管理性劳动创造剩余产品，完善和发展管理性劳动对于我国社会主义现代化建设的重大意义。

一、信息社会、劳动一体化与管理性劳动

马克思曾说过，"工业较发达的国家向工业较不发达的国家所显示的只是后者未来的景象。"那么，目前工业发达国家的情况又如何呢？按照奈斯比特的说法，美国从1856年就开始进入了信息社会，其标志是：担任技术、管理和事务工作的白领工人数已超过了直接从事生产的蓝领工人数，以及苏联发射了第一颗人造卫星。美国从事信息工作的人员在1950年时只有17%，现在则达60%以上。奈斯比特所说的信息社会是与工业社会相对而言的，在这种社会里，以信息价值的生产为中心，信息成为比物资或能源更重要的资源，可以预料，未来社会经济发展的一个重要因素是信息，是人力资源。这是一种必然的趋势。我国的四化建设关键在于科学技术现代化，

[①] 本文刊登于《江西财经学院学报》，1986年4期。

在于大力培养一支有科学文化知识，懂管理，有理想的社会主义劳动大军。科学技术革命可能成为劳动分工转为劳动一体化的标志。这一转化的必要前提是使信息和科学成为许多劳动成员的日常工作。过去出现过的三次社会大分工都是生产力发展的客观要求，对于促进社会生产力的发展起到了积极的作用。同样，今天的劳动一体化也是现代社会生产力发展所需要的，并将推动社会进步。这里所说的劳动一体化并非否定劳动种类的不同和社会分工，而是强调劳动在现代社会条件下所具备的共同素质，即科学技术、信息社会是劳动一体化的前提，因为在信息社会中，不存在明显的体力劳动和脑力劳动、城市和乡村的区别。从1979年的美国统计数字看，在美国占第一位的职业是职员，其次是工人，再次是农民。职员当中的大部分都是专业技术人员，他们几乎全是信息工作者，负责创造、处理和分配信息。发达国家有许多工人的工作就是按电钮，站几个小时，这既是紧张的、聚精会神的脑力劳动，又是辛苦的体力劳动。新的技术革命要求每一个人既是生产者，又是具有丰富的科学知识的专家和知识分子。因此对于劳动形式的认识，我们既要从劳动这一人类特有的活动出发，又要把它与科学技术革命、信息社会以及管理等联系起来。

任何劳动过程都包含两种必然行动：初始的思维行动和最终的肌肉运动行为。前者可以忖度随后的行为，使之具有目的性和合理性，后者是要实现既定的想法。由于人类劳动存在这种共同属性，所以一个工程师在考虑新机器的结构并将自己的方案绘制成图时，与一个工人为了完成一项任务提出最合理方法，并着手进行工作时的劳动情形是一样的。由此可见，在任何劳动过程中，不论其性质、地点和实现的方式如何，都具有人同劳动对象和劳动资料相互作用的两种形式：信息（初始）的机械（最后）的。前者确定劳动过程的合理性和目的性，其概念含义是管理性劳动。后者实现既定的目标，创造出实实在在的劳动产品，这种劳动活动和其他动物的本能性活动相类似，是一种本能性劳动。管理劳动既然是创造性的思维过程，无疑是一种有效劳动。它的产品就是某种决策、独创的意向、设计和合理化建议等。由于管理性劳动利用信息，所以这一劳动所用的手段就是信息加工用的机器和设备，特别是电子计算机和通讯设备，而管理性劳动的对象是信息，它采取知识或资料的形式，在创造管理性劳动产品——管理性决策过程中充当"原料"。

二、生产领域的管理性劳动创造剩余产品

管理性劳动是人类劳动区别于其他动物活动的根本点，认识管理性劳动，不仅有利于促进科学技术和管理技术的发展，提高整个民族的智能和信息量水平，同时，也有利于我们进一步深入分析剩余产品是如何生产的。

马克思主义的剩余价值理论告诉我们，剩余产品是劳动者新创造产品的一部分，这部分产品只能在生产过程中产生。"剩余价值不能从流通中产生，因为买主和卖主之间的盈亏必会抵销，并且这里

所谈的正是普遍的、一般的、社会的现象，而不是个别现象。"劳动创造新的产品，创造新的价值。"生产资料转给产品的价值决不会大于它在劳动过程中因本身的使用价值的消灭而丧失的价值""当劳动通过它的有目的的形式把生产资料的价值转移到产品上并保存下来的时候，它运动的每时每刻都形成追加价值，形成新价值。"值得注意的是马克思用了"有目的"三个字，按照现代的讲法它即是管理性劳动。同时，马克思指出劳动的另一个方面只能是"一个价值用另一个价值来补偿是通过创造新价值来实现的。"这个方面就是本能性劳动，虽然这种劳动也创造新价值，但它完全作为补偿用掉，即用于恢复人的体力。只有管理性劳动创造的价值，才有可能在用于补偿劳动者的脑力消耗后尚有剩余，形成剩余产品，由此可知，剩余产品只能由管理性劳动来创造。

现在我们用系统论和物能守恒定律的原理来分析。在生产过程中人运用劳动资料的消耗，只不过保证任何闭合型生产系统中的物资——实物等价交换，因为这种交换是服从物能守恒定律的。在生产中，过去的物化劳动耗费和当前必要劳动耗费全部转移到劳动产品的价值上去，这些耗费应该全部得到补偿。可见，通过这种交换取得剩余产品是根本不可能的。也就是说生产资料转移到新产品中去的价值以及劳动者为自己而进行本能性活劳动耗费所创造的新价值都是补偿性的，他们并不创造任何剩余产品。剩余产品这一消费剩余成果的产生，只能用系统内部的不等价交换来解释，而不等价交换又只能用生产系统中存在信息交换来解释。这种信息交换导致，生产系统中从一开始就出现一种特殊类型的劳动产品。而管理性决策就是劳动者所创造的这种产品。其创造过程就是选择达到目标的合理方式。由于管理性决策的实现以及决策产生的效益使物质能量资源得到节约，这就"破坏了"社会生产系统中的物能守恒定律。在劳动过程中由于并不遵守守恒定律而引起的物能资源的节约，这才是剩余产品的真正源泉。即是说，管理性劳动创造管理性决策，管理性决策通过人的本能性劳动，作用于生产资料也能够创造出新的价值，这种新的价值一部分用于补偿管理性劳动的耗费，另一部分就是剩余产品的价值。管理性劳动的效益越高，剩余产品也就越多。随着科学技术的进步和发展，人类有可能减少体力劳动的耗费而代之以脑力劳动。换句话说，在创造产品的过程中人类愈来愈少地依赖自己的体力，而愈来愈多地利用智力。随着这一可能性的增大，剩余产品在单个生产者生产量中所占的比重也逐渐增大。产生这一趋势的原因很简单：智力被物化在管理性劳动的产品中，劳动者借助于愈来愈先进的工具、工艺和劳动组织使劳动效率成倍地提高，结果，无须额外消耗物能资源和人工的体力，就可能同样增产。

西方计量经济史学中的"反事实度量法"给我们启迪。"反事实度量法"一词来自英语 Counterfactual Measurement，它是指在经济史的计量研究中，可以不根据事实，而是根据推理的需要，提出一种反事实的假定，并以此作为出发点来估算经济中可能发生的各种变化。这里所谓的不根据事实，包括两个方面的内容：一是某一事件或事物在历史上确实存在过，但可以假定它不曾存在，然后根据这一假定来估算经济生活中可能由此引起的后果；二是某一事件或事物在历史上不曾存在，但可以假定它存在过，然后根据这一假定估算经济生活中可能由此引起的后果。美国经济史学家福格尔最早运用"反事实度量法"对铁路运输在19世纪美国经济增长中的作用进行过估算。在认识管理性劳动的经济作用时，我们同样可以假定不存在管理性劳动，只有本能性劳动，那么这样的"人"就不称其为人，而与一般动物无异，这种单纯的本能性劳动不过是一种本能性活动，仅仅是为了维持起码的生存而进行的，根本不可能创造剩余产品。试想一下，一个白痴如果没有一点思维能力，那他和动物又有什么区别呢？因此，我们可以说人之所以能够创造剩余产品，正是因为人有思维这种特殊能力，才会有人类活动的这种特殊形式——管理性劳动，进而才有可能扩大再生产。

我们说剩余产品是由管理性劳动创造的，并不是说任何领域的管理性劳动都可以创造剩余产品，它仅仅限于生产领域，只有生产领域的管理性劳动才有可能创造剩余产品。

三、管理性劳动的效益分析

根据社会总产品的价值：

$$S=C+Y+M \tag{1}$$

其中S表示社会总产品的价值;C表示生产产品时生产资料转移的价值;Y+M表示活劳动(包括管理性劳动和本能性劳动)创造的价值。

$$设：A=Y+M=A_N+A_m \quad (2)$$

其中A表示活劳动创造的全部价值;AN表示生产过程中,管理性劳动创造的价值;Am表示本能性劳动创造的价值。则:

$$S=C+A_n+A_m \quad (3)$$

又设Pn为管理性劳动效率,则:

$$P_n=\frac{A_n}{S}=1-\frac{A_m+C}{S} \quad (4)$$

Pn只能称为管理性劳动效率,而非管理性劳动效益。因为管理性劳动所创造的价值中大部分是用于补偿消耗,剩下的部分才是社会的新增财富,其价值相当于毛利。将毛利与社会总产品的价值对比,计算出管理性劳动的经济效益率(用qn表示),则:

$$q_n=1-\frac{Z+C_1+C_2}{S} \quad (5)$$

其中Z表示交付的工资;C1表示固定资产折旧费;C2表示劳

动对象及其他生产资料消耗费；Qn 值一般都在 0~1 之间变动，Qn 越接近于 1，管理性劳动的经济效益率越高。

管理性劳动效益率可用生产活动的一项最重要指标即盈利率加以说明。实际上，T 时的盈利率（Nt）就是函数，即：

$$N(t) = F\{qn(t)\}$$

盈利率可以用利润与成本之比，或利润与生产费用之比来表示：

$$N(t) = \frac{S(t) - Z(t) - C1(t) - C2(t)}{Z(t) + C1(t) + C2(t)}$$

$$= \frac{S(t)}{Z(t) + C1(t) + C2(t)} - 1 \qquad (6)$$

因为 $qN(t) = 1 - \dfrac{Z(t) + C1(t) + C2(t)}{S(t)}$，参照式（5）则：

$$\frac{S(t)}{Z(t) + C1(t) + C2(t)} = \frac{1}{1 - qN(t)} - 1 = \frac{qN(t)}{1 - qN(t)} \qquad (7)$$

这样，盈利率的变化就直接依赖于管理性劳动效益率的变化，而且管理性劳动效益率的值越大，盈利率的变化速度就越快。下表以直观的方式说明盈利率对管理性劳动效益率的依存关系。

Qn	0.1	0.2	0.3	0.4	0.5	0.6	0.7	0.8
N	0.11	0.25	0.43	0.66	1.00	1.50	2.33	4.00

从表中数字可知，完善管理性劳动是非常有益的，而且盈利率完全以管理性劳动效益率为转移。因此，要发展生产力，提高劳动效率，提高经济效益，就必须重视发展和完善管理性劳动。

主要参考文献

[1]《资本论》第一卷 8 页。

[2]《列宁全集》条二十一卷第 43 页。

[3]《资本论》第一卷第 230 页。

[4]《资本论》第一卷第 234 页。

[5]《资本论》第一卷第 235 页。

二、"联系环境、更新观念,研究深化我国会计改革的问题"及其回忆

这是一篇我与我的博士生导师葛家澍教授合作撰写并收录于《厦门大学经济学院首届科学讨论会论文集》(1988年10月)的论文。由于是厦大经济学院的首届科学讨论会,在论文集中还收录了钱伯海、邓子基、王洛林、常勋、张亦春等著名教授撰写的论文。

"联系环境、更新观念,研究深化我国会计改革的问题"一文尽管后来没有拿出去公开发表,但在自己的学术生涯中,其记忆却永远挥之不去,主要有以下两个方面的原因:

第一,这篇论文体现了导师葛家澍教授对我开展学术研究的悉心指导。

先生是我国著名的经济学家和会计学家。他学术功底深厚,一生笔耕不辍、著作等身;他勤于探索,精通国际学术前沿,更关注

中国的会计改革和经济建设；他注重教学与科研、理论与政策的有机结合，培养了一批优秀的学者和管理人才。我在厦门大学进修和研究生学习六年，得到先生各个方面的悉心教导。本文是我与导师合作的仅有的两篇论文之一（另一篇是"涉外会计制度与稳健原则"，刊于《会计研究》1988年第5期），具有非常特别的意义，最主要的是导师指导我如何开展学术研究和论文的写作。

有关先生对我学术培养的指导，印象中最深、受益终身的主要有以下四个方面：

一是关注什么样的问题即选题。选题是学术研究的第一步，先生一直提倡关注学术前沿和重大基础理论问题，同时要关注中国的重大现实问题，尤其是经济改革、对外开放中的会计改革问题。这篇论文的研究主题是如何深化我国会计改革的问题，但会计改革并不完全源于会计本身，需要密切联系中国的经济改革、开放环境，必须以新的观念、新的视角、新的理论去思考深化我国会计改革的问题。这篇论文的题目"联系环境、更新观念，研究深化我国会计改革的问题"也就是基于这样的考虑确定的。

二是怎样思考问题即论述。先生是一位思维敏捷且严谨的学术大师，对于每一项研究，他都非常注重逻辑体系，非常注重构思、分析与论述。这篇论文的题目尽管比较大，但在先生的指导下，一层一层的论述还是比较清晰、比较深入的。在此之后，自己做研究或指导学生，总喜欢画逻辑框架图。若不能清晰地画出逻辑框架图，心里总感觉很不踏实。

三是如何把握文字即文笔。先生对论文的文字使用要求非常高。他常对我们说，写论文不是写随笔，也不是写散文，论文的文字、文风就应该按论文的要求来，严谨、严肃、严格是必须的。先生对我们写的东西总是改动特别多，有时候他的改动比我们写的还要多，总是留下密密麻麻的修改文字。今天自己稍微好些的文笔功底，很大程度上是先生严格要求、亲自示范指导的结果。这篇论文尽管篇幅较长，文字较多，先生手把手教我改、示范改、亲自改，使我这位刚刚进入博士生阶段学习的学生得到了一次很好的训练。自此之后，包括自己写论文（甚至是管理服务中的文件材料）和指导学生，我都对文字、文风比较敏感，也都尽可能按照先生的要求去做。因此自己动手修改、多次修改变成为一种习惯。

四是关于学术交流与人际交流即学品与人品。在我的记忆中，这可能是我第一次做学术报告，并且第一次就是在厦大的师生面前，在不同学科的教授、同学们面前做学术报告，紧张的心情自然少不了。先生嘱咐我学术交流要平等尊重，学术交流不是吵架，要心平气和、要讲理，不要口出狂言，千万不能伤人。平等尊重一直成为自己在学术交流和人际交流中的一条重要原则。记得在中山大学管理学院上任院长时,我讲过一句话:"我们都半斤八两。"就是想说明,大家的能力都差不多,只是各有侧重、各有所长。

第二,这篇论文也一直激励自己要根植中国大地做研究,关注现实问题。

在这篇论文的开篇中,我们就提到:由于受到专业性质的局限,在构划会计改革时,对企业考虑得比较多,对国家考虑得比较少;对微观经济方面的情况和问题掌握比较多,对宏观经济方面的情况和问题了解比较少。其结果是:脱离改革的大环境,使企业会计改革方案被国家接受和采纳的可能性减少了;观念陈旧,从而降低了会计改革措施被企业采取和实行的现实性。由此看来,联系环境、更新观念可能是研究和深化我国会计改革的一条可取之路。正是因为论文有这样的立意,所以通篇论文都关注现实问题,都根植于中国大地。比如论文的第一部分就是结合现实环境、发展趋势来看会计改革的现状;第二部分则是联系经济体制改革来分析会计改革;最后一部分就深化会计改革的几个重点问题进行探讨。

受到这篇论文写作的影响,尤其是先生要求的关注经济改革、对外开放中的会计改革问题,因此,我在早期的会计研究训练中,一开始就比较关注现实问题,而不是拘泥于所谓的理论概念之中,在概念中打转转。在自己的内心深处始终抱有这样一种潜意识：中国经济和企业发展了，会计一定在这一过程中起到了正面的、积极的促进作用。会计研究就是要挖掘会计的作用机理和路径。在后续的研究中自己也一直比较关注中国会计、公司财务和公司治理的现实问题。

尽管这篇论文是在导师的指导下合作完成的，但就今天的情形下再读这篇论文，仍不难发现有很多不足之处。比如，在关注现实、讨论会计改革时如何使理论阐述更加严谨。另外，这篇论文也像当时的大多数其他论文一样，文中和结尾没有引注、没有列出参考文献。

在回忆这篇论文的写作时，自然就会勾起我对导师葛家澍教授的怀念。先生尽管离开了我们，但他胸怀国家、全心奉献会计教育事业的精神是我对恩师永远的记忆！作为厦门大学的一位学子，我博士毕业后就主要在中山大学从事教学科研。我不仅在厦门大学学习期间得到了先生的精心指导，他常要求我在专业学习的同时注重全面发展，在中山大学工作期间更得到他持续不断的栽培与扶持。先生为之终身奋斗的事业和创造的精神财富不仅留给了母校厦门大学，更是传播到了包括中山大学在内的众多高校。

与导师葛家澍教授在中山大学讲学时的合影

我印象最深的是先生的气度和宽广胸怀。他以厦门大学为基地作育英才，服务国家。他爱才、惜才，培育学生的学业、引导和支持学生的成长。对于学生的教育与成长，老师给予持续关注、不断支持。他从不为学生设置事业发展的"天花板"，却不断提醒我们做人的"底线"和法律的"高压线"。

1991年初我完成了博士论文的撰写，面临工作选择。我希望到中山大学任教，老师多次接待中山大学管院的领导，深入了解中山大学发展会计学科的愿景与决心，最终支持我的选择中山大学，并多次提醒我要谦虚谨慎、尽快融合到中山大学的团队。

1993年初，我刚担任会计审计系主任，开始肩负着学科建设的担子。先生为我们邀请北京大学、人民大学、厦门大学的多位资深教授，一同来到中山大学协助我们制定学科建设规划。结合国家对外开放和广东发展外向型经济的需要，指导我们凝练中山大学会计和工商管理学科的特色方向与发展战略。

1995年下半年，扩大学术交流和提高研究水平成为我们的紧迫任务，先生又一次来到中山大学，欣然接受担任客座教授。通过与教师的座谈交流，先生建议我们要更加注重培育学术氛围，关注新兴经济、新型企业与资本市场的会计研究。他还提醒我，要多请教余绪缨、杨时展、阎达五和徐政旦等前辈，希望中山大学尽快融入国内主流的会计学术圈。

进入20世纪90年代末期，中山大学会计学科的建设进入了新的提升阶段，急需引进一批学术骨干。他建议我广开人才引进渠道，不仅要从厦门大学，更要从其他海内外高校引进人才。在先生的支持下，不仅林斌、刘峰和刘运国等厦门大学毕业的博士来到中山大学，张立民教授等多位其他高校的优秀学者也先后加盟中山大学会计系。

2000年初，我被中山大学任命为管理学院院长。刚上任，我战战兢兢，专门回厦门大学请教老师。他点拨我，要搞"五湖四海"，指出院长就是服务，服务到了，大家必定团结合作，发展自然而来。

2007年前后，我们向先生汇报中山大学和香港城市大学有意创办一本英文会计学术期刊。他给予了强大的支持和鼓励，建议我们坚持立足青年学者，面向博士生。中国会计学刊（China Journal of Accounting Research，CJAR）2008年正式创刊时，设立了理事会和编委会，成员都是中青年学者，并没有老师和其他老一辈的教授。当我们把名单告诉先生时，他极力赞赏并给予极大的鼓励。

第四部分　部分论著编选及其回忆

导师葛家澍教授与我全家、刘峰教授夫人等在中山大学的合影

据我所知，不仅仅是中山大学，国内还有许多其他高校会计学科的发展都与葛家澍教授的长期支持密不可分。先生以其宽广胸怀、远见卓识和务实工作，促进了中国会计教育事业的发展。

胸怀有多宽，事业就有多大。这是先生留给我最宝贵的精神财富！

CJAR学术年会

联系环境　更新观念
研究深化我国会计改革的问题[①]

葛家澍　魏明海

伴随着经济体制改革，我国的会计改革也已持续近十年了。在这十年中，通过广大实际工作者和理论工作者的共同努力，我国的会计改革取得了很大进展，这是首先应该肯定的。但是，同经济改革的进程相比，一个不可否认的事实是：会计改革的步伐比较慢，有关部门业已提出的企业会计改革方案尚未正式出台，即使出台了，要付诸实践恐怕尚有一定的困难。形成与我国经济体制改革明显的滞后差，这样，我国当前的会计实践同目前经济运行模式之间就产生了明显的矛盾。它要求我们应当思考、研究如何克服难关，加速和深化我国会计改革的途径。

经过一段时间的反思，我们发现：长期以来，会计工作者由于受到本专业性质的局限，在构划会计改革时，对企业考虑得比较多，对国家考虑得比较少，对微观经济方面的情况和问题掌握比较多，对宏观经济方面的情况和问题了解比较少，其结果是：脱离改革的大环境，使企业会计改革的方案被国家接受和采纳的可能性减少了，观念陈旧，从而降低了会计改革措施被企业采纳的可能和现实性。

---

① 本文刊于《厦门大学经济学院首届科学讨论会论文集》（第一辑），1988年10月。

由此看来，联系环境，更新观念可能是研究和深化我国会计改革的一条可取的道路。

一、现实环境、发展趋势及会计改革

研究和深化我国的会计改革，首先要联系现实的社会经济环境，比较准确地预见今后的发展趋势。

我国现实的社会经济环境基本上是由对原有经济体制部分保留和已实行的经济体制改革综合作用决定的，其主要特征是：

以公有制为主体，多种经济成份并存。根据我国的现有生产力发展水平及其不平衡状态，在坚持社会主义公有制的基础之上，大力扶持和发展个体经济与外商合营经济等。公有制经济中，集体经济所占的比重得到了较大的提高。

鼓励发展商品经济，但由于以公有制为主体的所有制基础，因而要受国家有计划的指导，即发展有计划的商品经济或社会主义的商品经济。近年来，我国的商品经济得到了很大的发展，农副产品的商品率有了很大提高，工业产品基本上实现了商品化。但应当看到，我们仍然要运用计划从宏观上调节和控制商品经济。当然，今后的这种计划必须以指导性计划为主，必须具有较大的灵活性，并与市场调节相结合，共同作用于商品生产和商品交换。

承认不同集团的独立的经济利益，但以不损害国家利益为前提。按照社会主义按劳分配的原则，划分并确定不同集团如国家、企业和职工的经济利益是必要的。在不同集团的经济利益中，国家利益应首先得到保障。

实行政企分开，但来自企业外部的非经济影响仍然很多。企业要成为一个独立的经济实体，实行自主经营、独立核算和自负盈亏，政企分开是一个前提。就目前的情况看，过多的来自企业外部的非经济影响又制约着政企的真正分开，从而危及到企业的法人地位。

市场体系逐步得到完善，市场机制的作用大大增强，但出现了通货膨胀。企业体制的改革依赖于建立和完善社会主义统一的市场体系。强化市场机制的作用。完整的市场体系应当包括生产资料和生活资料市场、资金市场、劳动和人才市场等。市场机制的核心是价格机制。经过这几年价格有关方面的改革，促进了市场体系的完善和市场机制的发育，但也产生了一些副作用。譬如，从1985年到1987年，我国零售物价指数平均年上升了7.4%，今年第一季度市场价格总水平上升了11%左右。大中城市物价上升的幅度更大一些，全国32个大城市的零售物价平均上升13.4%，副食品价格上升24.2%，新鲜蔬菜价格上升48.7%，造成了持续近四年的通货膨胀。

强调两权分离，但因全民所有制的财产所有者缺位，所有权的体现者比较模糊，两权难于实现真正的分离，即使把所有权和经营权分开来了，也是比较勉强的。

以承包制为主，多种经营形式并存。承包制是我国大中型企业目前主要的经营形式。除此之外，还有租赁制和股份制等。就目前实行承包制的情况看，其效果并不很理想，但限于我国的现实条件，至少在目前，有可能普遍推行的只能是承包制。

企业行为不合理现象比较普遍，经济杠杆的调节缺乏超前的约束作用。企业行为的短期化，竭泽而渔、后劲不足都与缺乏超前约束作用的经济杠杆调节有关。近年来，我们虽然抓了企业的扭亏增盈工作，但现在企业的亏损面仍较广，亏损额也较大。

切实了解和掌握我国现实的社会经济环境是研究和深化会计改革的起点。因为会计改革最终要达到的是使我国的会计理论和会计实践适合现实的社会经济环境。当然，会计改革方案或措施的提出，又要考虑到社会经济环境的变迁，特别是经济体制改革的发展趋势。只有把握住经济体制改革的发展趋势，才有可能真正明确会计改革的方向。

根据我们对现实社会经济环境的剖析，结合深化经济体制改革要达到的两个目标，即，一是在既定的资源配置下有效地使用资源；二是在全社会重新分配资源并把它配置到最有效使用它们的部门和企业。我国经济体制改革的发展趋势主要是：

综合整治，建立社会主义商品经济的新秩序。经济体制改革是一个复杂的系统工程，经过一段时间的改革后进行综合治理和优化环境是十分必要的。就目前而言,综合整治的主要内容就是要建立社会主义商品经济的新秩序。在这个新秩序中,经济体制改革与政治体制改革相协调,经济发展与精神文明的建设同步进行;经济体制内部的各项改革措施相配套。

推进所有制改革,使所有者归位。按照发展社会主义有计划商品经济的要求,政企要分开,所有权与经营权要分离。但是,政企分开和两权分离又以明确的所有者为前提。推进全民所有制的改革,其目的之一就在于使所有者归位。

价格改革要继续,但要注意改革的配套性,抑制通货膨胀。逐步建立并完善市场体系,发挥价格机制的良性作用都要求实行进一步的价格改革。鉴于过去教训,价格改革一定要充分考虑到人们的实际生活承受力和心理承受力,要有与之相配套的财政体制、金融体制、税收体制和工资等改革措施,其中,货币发行、银行信贷、投资体制和工资改革尤为重要。只要配套改革,价格改革就有可能不导致通货膨胀。

在完善承包制的同时,积极创造条件逐步过渡到股份制。大中型企业实行承包制是目前最佳过渡形式的选择,但由于受到其自身非规范化的局限,实践中存在不少问题。从较长的时间看,理想的经营形式是股份制。至于小型企业实行租赁经营基本上还是合适的。

进一步完善企业经营机制,完善企业内部的经济责任制,增强企业活力，端正企业行为，提高企业的经济效益。

会计改革与它所置身环境的每一方面都有关联，但就矛盾的主要方面来看，它主要应与我国实行了和正进行的经济体制改革相配合。现实环境是前提，发展趋势是约束条件；现实环境决定了会计改革的基点，发展趋势决定着会计改革方案或措施的超前指导作用。

二、经济体制改革、会计改革和更新观念

众所周知，我国的经济体制改革已取得了丰硕的成果。通过这近十年的改革，有力地促进了国民经济的持续稳定增长，使我国经济进入了新中国成立以来发展生机最旺盛、国力增强最快和人民得到实惠最多的时期。按可比价格计算，1986年比1978年国民生产总值增长了102%，国民收入增长了95%，国家财政收入增长了98%，1986年和1978年相比，农村人均纯收入从134元增加到424元，城市人均生活费收入从316元增加到828元，扣除物价因素，分别增长160%和80%以上。我国经济体制改革巨大成就的取得，其中一个重要的原因是我们敢于破除旧观念，提出新理论。

我国已实行和正进行的经济体制革更新了哪些观念？提出了什么新的理论呢？归纳起来主要有：

明确肯定了实践是检验真理的唯一标准，即用实践的标准代替

语录的标准，冲破了"两个凡是"，重新确立了一切从实际出发，实事求是的思想路线。

实现了工作重点的转移，阶级斗争已不再是我国现行阶段的主要任务，我们的工作重点是发展生产力，进行社会主义经济建设。

重新认识了我国社会主义社会的性质，提出了初级阶段的理论，为我们进行经济改革提供了现实的出发点和依据。

明确了我们要建立的社会主义经济，只能是有计划的商品经济或者说是社会主义商品经济，为我们的经济体制改革指明了方向和奋斗的目标。

冲破了过去认为社会主义经济模式只有集中计划经济模式，提出发展社会主义经济可以有多种模式。这是实现由产品经济向商品经济过渡，彻底改变集中计划经济模式为"国家调节市场，市场引导企业"新模式的理论前提。

冲破了过去在所有制问题上既要公又要纯的观点，而是从社会主义初级阶级的现实出发，考虑到大力发展商品经济的需要，实行以公有制为主体，多种经济成份并存，并且在公有制经济中也可以渗进其他经济成份，使它们之间互相促进、相互竞争。

根据政企分开，两权分离的需要，重新认识了全民所有制的产权理论和国有制改革的理论，提出所有者与所有权的分离，要求所有者归位，并确定股份制是企业经营的理想模式，而承包制只是一种最佳的过渡形式。

冲破了过去把计划经济同商品经济对立起来的观点，肯定了商品经济是社会主义经济发展不可逾越的阶段。重新认识到商品经济不是社会制度，而是经济形式，它可以为社会主义和资本主义同时采用。商品经济与市场调节，无政府状态和资本主义之间并不能划上等号。当然，我们也承认在有计划和商品经济这一统一体中仍存在矛盾。

冲破了社会主义只有生活消费品才是商品的观点，提出生产资料、生活资料、劳动力、资金、技术、信息、自然资源等要都赋予商品的形式，进入流通市场的观点，促进了物资供应、劳动人事制度、资金管理等一系列方面的改革。

确立了企业独立经济实体地位，明确要求企业自主经营、独立核算和自负盈亏。企业在人事、物资和资金等方面都应有独立权限。并且，在企业中应根据生产决定分配的理论，实行以按劳分配为主，多种合法收入相结合的原则，反对平均主义和"吃大锅饭"。

考虑到商品经济已发展到工业化和信息化的大规模生产阶段，它已经打破了国界而把世界的商品经济结合成一个依依相靠、息息相关的世界商品经济体系。在这种条件下，我们采取了对外开放的方针，积极参加国际经济大循环。

从上面的分析可以看到，我国经济体制改革所取得的成就是同经济学界敢于破除旧观念、创立新理论分不开的，是同理论工作者坚持以实践的标准和生产力的标准来衡量经济理论对改革的效用分不开的。这是一条基本经验，它对会计改革同样适应。

联想起我们的会计改革，有两个明显的特征：一是实效不大，二是所提出的真正可实行的新理论不多。会计改革实效不大是与新会计改革理论的提出相关联的。

可以这样说，观念陈旧、旧框框太多是会计改革的桎梏。为此，我们需更新以下观念：

现代会计是商品经济发展的产物，会计在社会主义条件下的重要程度并不一定高于资本主义条件下的会计。长期以来，我们片面地理解马克思关于"过程越是按社会的规模进行，越是失去纯粹个人的性质，作为对过程的控制和观念总结的簿记就越是必要；因此，簿记对资本主义生产，比对手工业和农民的分散生产更为必要，对公有生产，比对资本主义生产更为必要"的论述。诚然，社会主义公有制条件下的社会生产具有一定的规模，也失去了纯粹个人的性质，但它不一定导出比资本主义更重要的会计。因为，在社会主义产品经济时期，社会生产的规模和失去个人性质的社会再生产过程并不一定需要会计的反映和控制。正相反，它限制甚至排斥了会计的反映和控制功能。而在资本主义条件下，由于高度发达的商品经济，社会生产的规模决不亚于我们的社会生产。因此，资本主义的社会生产过程需要程度很高的会计反映和控制。为什么会产生这种情况呢？我们认为，现代会计是商品经济发展的产物，高度发达的商品经济才是使会计成为更加必要的原因。根据我们前面有关社会主义有计划商品经济的论述，社会主义可以利用商品经济，并创造出比资本主义商品经济更加发达的商品经济。社会主义只有在达到了比资本主义更为发达的商品经济时，会计对公有生产才能比对资本主义私有生产更加必要，其重要程度才会提高。

区分资本主义会计与社会主义会计既无必要，也没有科学的依据。因为商品经济是社会主义不可逾越的阶段，社会主义与资本主义一样都应以商品经济为主要形式。商品经济同时存在于资本主义和社会主义，使得区分资本主义会计与社会主义会计毫无必要，其科学依据也消失了。但是，我们可以讲资本主义制度下的会计如美国的会计，社会主义制度下的会计如中国的会计。因为，会计在不同社会制度和不同国家中的运用，都会带有社会制度的差别和不同国家的特点。会计同样运用于资本主义国家，美国会计和英国会计也有不少差别。但应该加以肯定的是，上述差别并不影响会计作为一个经济信息系统具有反映和控制的基本职能。

在我国，会计不再是仅仅用来服务于国家利益，它主要是用来协调不同利益集团之间的经济利益关系。在高度集中计划体制下，由于计划上的大包大揽、流通中的统购包销、劳动上的统包统配，以及财政上的统收统支，国家成为整个社会生产的主体，全民所有制企业只不过是国有这个"大公司"的一个分支机构。因此，会计主要服务于国家利益，其突出表现是：形成了财政决定财务，财务决定会计这样一个分层次的结构体系；会计提供的信息主要服务于国家宏观经济决策，特别是国家财政决策。随着政企分开、两权分离，以及投资主体的转换，企业作为一个独立经济实体的地位得到了《企业法》的确认和保障。企业会计首先要为企业的经营提高经营和理财水平，增强企业竞争能力。同时，在两权分离条件下，也要为不同投资主体（即投资人）、债权人等作出投资和信贷决策提供相关的信息。会计服务于企业经营者和企业外部投资人、债权人的过程，也就是协调不同利益集团之间利益关系的过程。其中，着重考虑会计应服务于国家的利益不仅是必要的，也是可能的。这一点，我们将留在第三部分进行探讨。

两权分离是社会化大生产的必然要求，适应两权分离，现代会计在资本主义国家出现的财务会计与管理会计的分离是有其客观基础的。因为，两权分离后，所有者和经营者对会计信息的需求是不同的，为满足其不同需求，就有必要把会计系统分化为两个子系统——财务会计和管理会计。财务会计主要为所有者服务，管理会计主要为经营者服务。在我国随着有计划商品新经济秩序的建立，随着股份制的扩大试点以至普通推行，特别是随着证券市场的建立和发展，财务会计即对外报告会计和管理会计即对内报告会计在我国也应成为两个既有联系，又有区别的会计信息系统。这样，会计信息的传递就不再是唯一的纵向传递了，而是纵横交错、服务面广的会计信息传递网络。

　　商品经济是现代会计存在和发展的客观环境。商品经济既为会计的完善和发展提供有利的客观环境；也规定了会计运行的前提、制约条件和基本原而，从而使会计带有某些基本特征。这些基本特征主要是指社会主义商品经济和资本主义商品经济都具有对会计起决定作用的会计基本假设和由此而产生的系列会计基本原则。譬如，会计主体假设的依据是客观上存在着相互独立的商品生产者和经营者。它们如果要自主经营、自负盈亏，就必须各自成为会计主体，独立核算。会计主体的假设实际上是从会计的基本立足点上肯定了会计主要应当为企业服务，即规定了会计信息形成的空间界限；继续经营假设的提出，是考虑到商品经济充满了竞争和风险。按照优胜劣汰的原则，没有一个企业能肯定成为"万岁"的企业。但是，会计把每一个主体当作服务对象，主要不是考虑它们有可能经营失败、破产或倒闭，而是以正常活动为前提来考虑企业具有生产、竞争和发展能力，无限期地经营下去。这样，才能够进一步研究一系列会计原则和处理程序，促进整个商品经济的发展；会计分期假设则是对继续经营假设的必要补充。继续经营假设要求会计以企业的正常活动为前提考虑数据处理和信息提供，会计分期假设则确定了会计提供信息和据以评估企业经营成绩的时间界限；以货币为计量单位和币值稳定的假设主要是考虑到商品经济条件下，货币是表现价值的主要尺度，通货是会计计量尺度在币值基本稳定条件下的最佳选择。马克思甚至认为："货币作为价值尺度，是商品内在的价值尺度即劳动时间的必然表现形式"。与上述会计基本假设相联系的会计基本原则如权责发生制、历史成本、实现原则和配比等原则都是商品经济大环境所要求的。

随着企业投资主体的转换和多样化，在明确了产权关系以后，企业的资金来源只需明确区分投资（不需偿还）和借款（包括发行债券，需要偿还）两类投入资金，以反映投资人和债权人同企业形成的不同的责权利关系（归根到底，表现为对产权的不同要求）。这样，"资金占用=资金来源"的资金平衡公式就必然要被"资产=负债+投资权益"所代替。"投资权益"一般可分为两个部分，一是原先的投资额；二是历年分配后累积的利润。在股份制企业中，投资金额还可进一步划分为"国家股""社会股""企业股"和"个人股"。

由于我国有计划的商品经济本身在发展变化，再加上商品经济活动的许多方面充满不确定性，依存于正常商品经济的会计基本假设只是规定了会计正常活动的基本前提。在企业出现异常的情况下，会计就要按例外原则来处理特殊的活动，因而，会计的基本假设也要有变化。例如，随着企业生产规模的扩大，在同一经济实体内部可能同时存在好几个会计主体。企业内部各责任单位需要实行类似于会计主体的独立核算是一种情况，联营企业或控股公司需要进行报表合并，从而呈现一个以公司集团为会计主体的合并报表，则是另一种情况。同时，在社会主义有计划商品经济重要任务下，考核会计主体与外界环境的"交易"即企业国民经济效益的核算（在西方，也称为"社会经济会计"，Socioeconomic Accounting）也成为必要。根据我国的《破产法》，一些效益很低、效率很差的企业还有破产的可能性，因此，也要在一定程度上离开某些会计的基本假设（如继续经营、会计分期），摒弃企业在继续经营条件下应当采用的个别基本原则（如历史成本），而采取特殊的破产清算的会计原则。再如，近年来我国持续的物价上涨也迫使我们要思考一下通货膨胀会计在我国的应用问题。

根据社会主义商品经济的变化情况，按照会计信息相关性的要求，在深入研究原有的会计基本原则并在此基础上扩展一些新的内容是有重要参考价值的。如，在会计计量属性方面，全面研究历史成本（原始成本）的优越性和局限性，进而研究重置成本和现行价值等属性，在会计计量方面，全面研究权责发生制的优缺点，进而研究现金流动基础（cash flow basis）都有助于提高会计信息的相关程度。不看时间、地点和条件，把历史成本原则和权责发生制的作用绝对化和普通化，其实是违反实事求是的原则的。

即使在有计划的商品经济条件下，无论是从考虑经营风险、应付不确定性还是维护会计基本假设与会计基本原则的适用性来看，在会计处理上适当运用稳健性原则是必要的。稳健原则的基本精神是：不预计（确认）或尽量少预计可能的（未实现的）收益，但要预计（确认）可能的（未发生的）损失。因此，在企业资产的估价和利润的确定问题上，按稳健原则就是要持慎重态度，注意留有余地。具体说，如果有迹象表明，某种存货的国际市场价格持续呈下降的趋势，就可采用"成本与可变净值孰低"原则，在报表上予以揭示；对于应收账款，应当认真分析客户的经营和信用情况，预提必要的坏账损失并进行分期负担，也就是说，对于坏账损失的账务处理应将我们历来采用的"直接销账法"（即只有出现坏账时才确认损失）改为"备抵法"（即合理地预计坏账损失，分期确认）；考虑到新技术的不断出现，无形损耗是客观的现实，应合理使用加速折旧法提取固定资产折旧等。

根据改革开放的要求，我们的会计工作规范也要考虑与国际会计惯例的协调问题，这是商品经济所要求的。特别是在涉外企业中，只要在不损害我国主权和利益的大前提下，应尽可能地采用国际上通用的会计惯例或相类似的作法。

三、深化会计改革的几点思考

我国经济体制改革的总体目标是要在我国建立社会主义商品经济的新秩序，大力发展生产力。同经济体制改革的要求相适应，我们认为，深化会计改革的总要求可以从微观和宏观两个方面来考察。在微观上，要满足企业自主经营、自负盈亏，并能及时适应市场变化需要，积极参与市场竞争所必需的会计信息，从而帮助企业在经营活动中作出风险最小、利润最大的优化决策；在宏观上，要满足国家实行财政上的综合平衡，力求增收节支和其他宏观调控所必需的会计信息，并代表国家实行必要的财政和财务监督。这样，我国会计改革的总要求可以概括为：立足企业、着眼国家、面向市场。

经济体制改革和会计改革，都要涉及权力和利益的重新分配。改革实际上是权力和利益，特别是利益的调整，即把旧的利益结构调整为各方利益基本协调的新结构，从现实的社会经济环境及其发展趋势出发，为了深化我国的会计改革就应当根据上述原则确定前提条件。同经济体制方面的其他改革一样，会计改革必须以符合并妥善协调各利益集团的经济利益关系为前提。在我国经济体制改革过程中，国家、企业和职工三方面的利益都是不断地随着改革的深化而调整的。同样，会计改革首先是谁掌握和利用会计信息？会计信息为谁服务？根据需要提供何种信息？这样一些权力的调整，归根到底，它代表一种经济利益。美国有的会计学家就把会计理论或会计准则视为"不同利益集团争取经济利益的理由说明书"，甚至把"会计理论"看成"一种经济利益"，而把制定会计准则的过程看成一个利益的协调过程。我们设想，我国的会计改革应当充分考虑到以下三个基本需要：一是能保证国家财政收入平稳地增长，保证增收节支，贯彻执行国家财政、财务政策；二是能满足企业经营管理对会计信息的需要；三是能满足投资人、债权人等作出有关经济决策对会计信息的需要。只要同时满足上述三个基本需要，我们提出的会计改革方案或措施才有可能被有关部门采纳，并付诸实践。

为了同时满足确保国家财政收入稳步增长和提供各种经济决策所必需的会计信息的需要，应当研究一门新的会计学科即"税务会计"。税务会计应当从传统的会计（一般称之为财务会计）中分离出来。财务会计今后可以根据真实而公允的原则，按照会计制度或会计准则来确定"会计利润"，它应当尽可能提供准确、可靠和相关的财务信息，这是企业内外有利害关系的各方进行各种经济决策所必需的。税务会计则根据国家所得税法的规定，并可经常根据国家的财政政策予以补充修改，把"会计利润"调整为"应税利润"。实现财务会计和税务会计"两账分离"（其实，税务会计在企业中并不需要另外设账，而只是在纳税前将报表上确定的法和有关规定在账外进行调整）。前者反映决策的要求，确保微观利益，后者反映财政的要求，确保宏观利益。

发展和逐步完善多层次、配套协调的会计工作规范。具体说，将规范性的会计制度和指导性的会计准则相结合。从今后的发展趋势看，由于企业在账簿和报表上的"会计利润"的确定可以受国家政策的影响，而"应税利润"的确定则应更多地考虑国家政策和宏观调控的要求。在这种情况下，一方面，税法，尤其是所得税法需要充实、完善，另一方面，会计准则的作范围将越来越大，财务会计的确认、计量和报告都应在会计准则中加以规定。至于会计制度也还是需要的，它可以适用于国家机关、事业单位的会计。

成立独立的国家会计管理机构，其建制可以相当于国家的统计部门。国家会计管理机构的主要任务是：建设会计制度；颁布会计准则，培养会计人才；评定会计人员职称，并组织注册会计师的考试；监督会计制度和会计准则的执行，管理会计师事务所等。

改变财务会计过去只向国家提供报表那种单一纵向传递信息的方式，要研究和确定企业的会计信息使用者，要了解不同的使用者所需要的不同信息以及会计能够在多大程度上满足使用者的信息需求等问题。我国经济运行的模式今后将是:"国家调节市场,市场引导企业",市场的地位和作用将越来越重,企业的会计部门应当创造条件,向市场提供公开的财务信息。

简化和修改现行的会计报表体系,发展新的对内会计报表。现行的会计报表体系内容复杂、指标过细,与企业经营决策的相关性比较差。为此,首先要减少对外报表的种类。保留修改的资金平衡表和利润表,增加财务状况变动或现金流动表。企业外界注意的是企业的经营成果和现金流动而对成本信息并不关心,没有必要再向企业外部报送成本报表,其次,简化报表结构,对主要或关键的指标可作硬性的统一规定,而对某些细目,应允许会计人员根据需要进行合并或删减;最后,要发展各种内部报表,它们的特点是灵活多样,不定期呈报,也不拘泥于一定的形式,其目的在于满足企业经营者进行经营和管理决策的需要。

为了编制具有高度相关性的内部报表,为了加强企业内部经营责任制,应当建立和完善以责任会计为中心,包括应用现代预测和规划方法的中国式的管理会计,向经营者提供经营决策、评价经营成果,并据以实行激励措施所需要的管理信息。

逐步改进和完善财务会计中诸如存货计价、折旧计算,坏账准备计提、无形资产计量和会计报表分析等方法,使其尽量适合财务会计提供准确、可靠和相关会计信息的要求。

要正视我国存在通货膨胀这一事实,采用适当的方法消除通货膨胀对会计信息的影响。从目前看,有两条思路可供我们选择:一是不改变原有的计量和报告模式,只在成本计算中考虑通货膨胀的影响。具体说,原材料转入生产成本和产成品转作销售成本时采用后进先出法;折旧的提取可采用加速折旧法。二是在表外反映补充资料:按不变价格重新调整销售利润,并计算货币性项目购买力变动所形成的损益,按重置成本反映原材料、在产品、产成品和固定资产的价值,并计算它与原始成本之间的差额,作为重估价准备。

上面提到的仅仅是深化我国会计改革的几个主要方面。实际是,会计改革的内容很多,随着我国经济体制的改革,它将处于不断变化之中。因此,如何深化我国的会计改革,将是我们会计工作者一项长期的研究任务。

三、"论中国企业会计的十大矛盾"及其回忆

"论中国企业会计的十大矛盾"是一篇我年少轻狂,也可能是胆子最大、想象力最丰富时写的一篇论文。原文发表在《财经理论与实践》(1989年第4期),论文发表后很快就被《新华文摘》(1989年第11期)全文转载。我还清晰地记得,同期转载的文章中,还有时任国家主席杨尚昆的文章,确实让我兴奋了一阵子。《新华文摘》是一本很有影响力的期刊,被它全文转载的论文被当作是"有影响"的论文。

"论中国企业会计的十大矛盾"主要是讨论了当时我国企业会计中存在的十个突出矛盾和问题。具体是指:信息主体矛盾;信息对象的矛盾;信息主体与信息对象之间的矛盾;信息源矛盾;信息形成矛盾;报表的企业编制与社会公证矛盾;会计核算与会计监督的矛盾;财务会计与管理会计(尤指内部责任会计)的矛盾;会计人员与政府工作人员、社会公证人员、企业内部其他管理人员的矛盾;会计信息所体现的经济利益矛盾。全文7000多字,论文没引

言,直接就讲矛盾之一;论文也没有总结,讲完矛盾之十论文就结束了。为什么这是一篇没头(引言)没尾(结论)的论文,究竟是我投稿时就这个样子还是编辑为突出内容掐头去尾了,我现在也无法查证了。

今天我撰写这篇论文的回忆,涉及那个时代的背景和当时自己的心境,也回忆起当时住在同宿舍的刘峰教授以及当时的湖南财经学院。

任何研究和写作都是要有冲动的。"冲动是魔鬼",也是创造的要素之一。"论中国企业会计的十大矛盾"一文的写作既有一些积累和铺垫,也的确是学术冲动的结果。

所谓积累和铺垫,主要是两点:一是1988年在导师葛家澍教授的指导下,我们完成了"联系环境、更新观念,研究深化我国会计改革的问题"一文的撰写,对我国的会计改革背景、基本观念和主要问题有了一些思考;二是厦门大学提供了比较好的机会,让我多次参加与会计改革、会计准则制订相关的全国性、福建省内的学术交流会,更让我有机会亲身感受会计改革在我国炽热的气氛。

关于学术冲动,与当时的时代背景密切相关。20世纪80年代的中后期,在我国改革开放政策的激励下,人们思想活跃、热情高涨,改革政策频出、情况复杂多变。为改革开放提供理论、制造舆论,甚至摇旗呐喊,成为我们那一代年青学子的职责。关心政治、关注政策,为改革开放发声在我们的同学周边有着良好的氛围。因此可以这样讲,写这篇论文既是被卷进去的,也是必然的,有"投怀送抱"的成份。事实上,在那个时期,除了"联系环境、更新观念,研究深化我国会计改革的问题"和"论中国企业会计的十大矛盾"外,我自己或者与合作者还发表过其他有关会计改革的论文,比如:与葛家澍、林志军教授合作的"涉外会计制度与稳健原则"[①]与吴水澎教授合作的"试论利益关系调整中的会计改革与会计发展问题"[②]"关于我国会计规范体系的完善问题——兼谈我国会计的社会协调责任和企业内部管理责任"[③]等等。

  写这篇论文,还与当时住在同宿舍的刘峰教授有一定的关系。那时,刘峰是厦门大学会计学系的教师,本来高我两个年级的苏锡嘉是我的同宿舍同学,但由于他到加拿大进行联合培养,刘峰就搬来和我同住,因此平时就有很多讨论的机会。他当时也是葛家澍教授的研究助手,思想活跃、参与学术交流活动多,对改革开放想法和看法比较多,这对我关注现实问题有较大的影响。那时,中国会计学会创办过一本叫《会计学刊》的杂志,常刊登长文。刘峰

---

① 本文刊登于《会计研究》,1988年第5期。
② 本文刊登于《四川会计》,1990年第10期。
③ 本文刊登于《财务研究》,1991年第1期。

与我就一起规划过写一组有关会计改革的论文，并且想用比较轻松的散文体来写。但由于种种原因，只开了一个头，没有完成。现在我也记不太清楚了，这篇论文是否与这个计划有关。从文体上看，这篇论文直面问题，应该与此事有一定的关联。

我还要特别提到《财经理论与实践》这本杂志。《财经理论与实践》是原湖南财经学院主办的一本学术期刊，在当时影响比较大。湖南财经学院原本是一所很有基础、非常有特色的财经院校，聚集了一批优秀的青年会计学者。他们对学术的追求几乎是狂热的，非常活跃、非常有闯劲、非常团结。这篇论文写完后，我就毫不犹豫地投给了《财经理论与实践》。后来还有一篇与雷·卡罗尔（Ray Carrol）、刘峰合作的论文"比较会计文化：国际会计研究的基础"也在《财经理论与实践》1990年第6期刊登。除了这本杂志外，湖南财经学院会计系的教师还创办过一本名为《财务研究》的杂志，我也在里面发表过一篇题为"关于我国会计规范体系的完善问题——兼谈我国会计的社会协调责任和企业内部管理责任"[①]的论文。可以这样讲，湖南财经学院会计系引领风气之先，在80年代末、90年代初的中国会计研究和教育中做出过重要的贡献。三年前我到湖南大学工商管理学院讲学时，还专门到湖南财经学院老校园（现为湖南大学的一个校区）为会计系的学生做过一次学术

---

① 本文刊登于《财务研究》，1991年第1期。

报告，但基础设施由于多年维修跟进不够，有点破败的感觉，内心很是伤感。如果湖南财经学院没有被合并，我想其会计系应该是中国最好的会计学系之一。

年少轻狂也有年少轻狂的优势，现在我是不敢再写像"论中国企业会计的十大矛盾"这种题目和风格的论文了。时间不可能倒流，"论中国企业会计的十大矛盾"一文及其写作也成为历史。

论中国企业会计的十大矛盾[①]

魏明海

矛盾之一 信息主体矛盾

会计第一位的职能是反映,首要的工作是提供信息。会计提供何种信息,这种信息究竟应包括哪些主要会计指标?如果我们严格区分数据资料与会计信息这两个概念的话,信息主体矛盾就主要体现在会计报表中。

1.会计报表种类的矛盾。按照会计制度的规定,目前我国国营工业企业一般都要编报资金平衡表、应上交及应弥补款项情况表、利润表、主要产品单位成本表、生产费用表、车间经费及企业管理费明细表、产品销售利润明细表、应交调节税(或应交利润及应补亏损)及企业留利计算表、专用基金及专用拨款表和基建借款及专项借款表等11种会计报表。会计报表的这种种类体系是高度集中的产品经济体制的产物,它与社会主义有计划商品经济、甚至与目前的双重体制发生矛盾。比较突出的问题是:①暂时避开资金平衡表、利润表和商品成本表不谈,专用资金及专用拨款表、基建借款及专项借款就与基本上已成为一个独立经济实体的企业地位相矛盾。随

---

① 本文刊登于《财经理论与实践》,1989年第4期,《新华文摘》1989年第11期全文转载。

着企业财务自主权的独立化,专用基金、专用拨款和专项借款就名存实亡,现在大多数的企业都是将流动资金与专用资金混合使用,统筹安排的;而基建借款呢?单独反映在一种会计报表中也无必要,因为企业投资主体的转换和多样化所涉及的方面主要是筹资或投资问题,这些问题在财务预算和决算中会有所反映的。②跟企业经营管理自主权相联系,企业更注重预测产品的目标利润,作为一种主表,产品销售利润明细表的意义也不大。③缺少反映企业营运资金或现金流动的报表,而这些报表对于预见企业未来的净现金流量、判定企业的偿债能力和支付能力是极其重要的,关于这一点,在试行股份制的企业以及破产法实施时更有特殊意义。④我国近年来持续的物价上涨已影响到会计信息对企业财务状况和财务成果的真实反映,也大大降低了会计信息对决策的有用性,考虑到物价变动因素,设置有关物价变动的会计报表也在所难免。总的说来,我认为现行的报表体系不够科学,与实际严重脱节,当然,会计报表提供资金成本、利润等指标无疑是对的,但这要受制于:我们是如何理解资金的,它与资产、负债权益、营运资金、现金流量之间的关系怎样?我们是如何将上述指标用尽可能少的报表、用最科学的方式将其下属项目组合起来的?

2.资金平衡表中的矛盾。新中国成立初期我们一直使用"资金负债表"这一名称,直到20世纪60年代才改为资金平衡表。现在看来,资金平衡表中的确有不少问题:①名称问题,如果纯属于名称之争,用资金平衡表或资产负债表都可以,但问题是企业的财务状况变化引起了它们之间质的区别。第一,属于企业的资产难以用资金占用额来表述，两者具有质和量上的差别。当我们把资产定义为企业未来的收益能力时，资产的计价不仅可用历史成本，还可使用其他计价基础（如重置成本、现行价值等）；资产的类别不仅是有形资产，还包括无形资产。如果我们对资产中的货币性项目进行一般物价水平的调整，其间的差异就更大，经济含义也有分歧。第二，企业实行两权分离后，商业信用不断扩大，资金的渠道多样化，发行债券的企业增多，企业对外的债务大量增加，因此有必要将资金来源分成负债和权益（包括国家投资、职工投资、企业积累、股份制企业的股本等）两部分。②"资金占用＝资金来源"的平衡公式是国家作为企业唯一的投资人，并直接管理企业的产物，它跟所有权和管理权分离后的现代企业的真实财务状况发生矛盾。而"资产＝负债＋权益"的会计方程式则更能体现企业是一个独立的经济实体，有明确的资源边界。在这个基础上计算出的盈亏，就是这个实体应实行的自负盈亏，一旦破产并不涉及所有者的其他财产。③由于现实中很多企业已取消了专款专用、专户存储的原则，固定资金、流动资金和专用资金的项目划分既无必要，又难以自动平衡。因此，目前资金平衡表中的"三类资金"平衡已失去其存在的前提，对此需要打破。④现在的资金平衡表中各项目排列的顺序与会计信息对决策有用性相矛盾，因为目前这种排序不能体现重要性的原则。

3. 成本表中的矛盾。成本表中计划成本、可比产品成本与企业的实际情况相距甚远。现在国家一般都不给企业下达成本计划，加之产品更新快，可比产品在企业产品中的比重越来越小，因而成本之间的这种比较意义就不大了，此外，由于多种价格并存和价格上涨过快，冲淡了实际成本与计划成本比较的意义。实际上，除了商品产品成本表和主要产品单位成本表以外，生产费用表、车间经费及企业经费明细表也存在类似的问题。

4.利润表中的矛盾。问题主要是：项目混杂，有关利润分配的项目占了很大的部分，突出反映财政部门对企业利润的形成和分配实行严格管理的需要，而反映企业提高经济效益的相关信息的项目甚少。

矛盾之二　信息对象的矛盾

会计信息的使用者就是信息对象。目前我国企业会计信息的主要使用者仍然是政府有关职能部门，特别是各级财政部门。这一状况说明，我国企业会计工作中有关信息对象之间也存在很大的矛盾，主要问题是：

1.过分突出有关政府职能部门（如财政、税务、金融等）作为主要会计信息使用者的地位。这一方面背离了应大大减少政府职能部门对企业的直接管理这一改革目标，另一方面，政府有关部门究竟使用了多少企业信息也令人怀疑。

2.企业管理部门作为最主要的会计信息使用者的地位没有得到重视，作为自主经营、独立核算和自负盈亏的企业，为了改善经营管理，作出合理的、正确的经营决策，需要用到大量的与其决策相关的信息，企业理应成为主要的会计信息使用者即信息对象。

3.忽略了其他信息使用者。第一，目前忽视了除政府有关职能部门和企业管理当局之外的信息使用者，这是不对的，企业利害关系人绝不仅仅是政府有关部门，还应包括经常性的供货或购货单位、联营企业、股票或证券持有人，其他债权人、民间的会计事务所或财务咨询机构等。第二，过去那种认为社会主义全民所有制企业的投资人和债权人都是国家，因而有关企业投资、信贷方面的信息使用者就是政府的说法是不科学的。过去那种认为企业的所有者、企业的投资人和债权人都是国家的说法正是所有者缺位的理论体现。而促使所有者归位是我们的改革所面临的一项艰巨的任务。在完成这一任务的过程中，会计要明确区分作为政府职能部门的信息使用者与作为企业投资人和债权人的国家有关机构（如国有资产管理局等），信息使用者是不完全一样的。不作这种区别，国民经济宏观调控的信息需要都得不到满足。

矛盾之三　信息主体与信息对象之间的矛盾

1.正常的、合理的矛盾。财务会计在提供对外报告的会计报表时，只能报送一套基本上能满足企业的所有利害关系人共同需要的会计报表，这套共同报表应基本能满足所有使用者的需要，但无论如何都难以满足特定使用者的信息需要。即使在西方也同样存在这个问题。

2. 不正常不合理的矛盾。这类矛盾在我国目前的企业会计工作中表现得十分突出。主要表现是：①就报表体系看，会计报表中许多是不宜对外报送的，即使报送了，也未起作用。比如，成本报表、费用报表就不应对外报送，因为具有法人地位的企业有权保留自己最重要的"商业秘密"之一，即有关成本、费用方面的信息。②就报表的指标设计和项目安排看，会计报表只能满足政府有关职能部门直接管理和严格控制企业财务状况形成、财务成果分配的需要，不能满足上述部门制定国家宏观调控措施以及如何影响市场方面的决策信息需要，只能满足投资人在利润分配中进行计划管理的需要，而不能满足有关国家方面的投资人、债权人制定投资决策、信贷决策的信息需要。更为严重的是不能满足企业内部管理的信息需要。③由于经济环境，特别是物价的变化使得原有的财务报表不能反映企业的财务事实。

矛盾之四　信息源矛盾

这里所说的信息源矛盾主要指以下两种：①原始凭证不真实、不可靠。在我国，按照现行的财务制度和会计制度，原始凭证是要通过极其严格的审核才可据以填制成记账凭证的，也就是说有关数据资料在进入会计信息系统之前要经过制度性筛选，这是很必要的。问题在于我国现行的很多财务制度和会计制度并不合理，这样就迫使原始凭证的填制者、接受者在里面做手脚，出现原始凭证失真现象。②多种"竞争性的计量用原始资料"的客观存在也将导致信息源矛盾。我们知道，在会计信息加工处理前，摆在会计人员面前的往往是多种可供选择的"竞争性的计量用原始资料"（如多种价格之间的选择等），这些原始资料是不一致的，它们为会计提供了不同的信息源。而我国现行的会计制度规定只可使用原始成本资料，不能采用按其他计量属性计算出的资料，从而形成目前我国会计信息源之间的矛盾。

矛盾之五　信息形成矛盾

我们这里提信息形成，而不是信息加工处理，目的在于不局限于分析会计信息系统内部各环节之间以及各环节内部的矛盾，还是揭示会计信息系统与其他信息系统之间的矛盾。

信息形成的主要矛盾包括：①会计信息系统与统计信息系统、业务信息系统之间的矛盾。传统上我们一直提社会主义经济核算体系是由会计核算、统计核算和业务核算三部分构成的，并认识到在微观经济组织中会计核算占有极其重要的位置。今天看来，这些观点仍是正确的。但我们也认识到，无论在理论界还是在实务界对于上述三种核算之间界限的划分仍有不同的认识，特别是，企业内部的责任核算，包容了管理会计、管理统计和业务核算的内容，实际工作中往往存在不协调的情况。在企业经营管理过程中，如何将会计核算、统计核算和业务核算既有合理的分工，又能有机的联系起来的确值得进一步的加以研究。②会计信息系统加工处理信息各项环节之间的矛盾。一般地，会计信息加工处理包括填制记账凭证、登记账簿和编制报表三个主要环节。从凭证到账簿，再从账簿到报表存在许多矛盾。比如，采用什么样的记账程序，就牵涉凭证与账簿之间的关系问题。③填制记账凭证环节的矛盾。这涉及前面提到过的原始凭证合法性、合规性与合理性、真实性之间标准的选择问题；有关计价的问题；有关记账方法的问题以及各种记账凭证之间的矛盾。④登记账簿环节的矛盾，在这个环节中，成本核算、账实核对、账账关系中都有可能发生矛盾。⑤编制报表环节的矛盾，它包括编报时间、报表种类、报表内容、报表结构以及有关报表之间与勾稽关系上的矛盾。

矛盾之六　报表的企业编制与社会公证矛盾

大家都清楚，目前我国企业会计报表失真、做假账的现象十分普遍，对此，有关会计报表的公证机构也奈何不了。会计报表的企业编制与社会公证之间的矛盾越来越大。对于这种矛盾，我们是这样看的：

1.双重体制下，企业与政府有关职能部门仍存在千丝万缕的联系，企业往往负盈不负亏，企业报表的社会公证还离不开财政部门这个大"保护伞"。

2.现行的会计制度存在很多缺陷，难以成为一种较为科学和合理的工作准绳。会计制度的局限性，使企业的会计工作不可能完全按会计制度去开展，同时使得会计报表的社会公证无科学规范作依据，这样就产生了企业会计和社会公证的两难困境。

3.正因为会计制度是企业最根本的会计工作规范，而会计制度又从属于财务制度和财政制度，这样就很容易使会计报表的社会公证成为实实在在的财务收支的社会监督，特别是政府的行政监督，把会计报表的社会公证与财务收支的社会监督混在一起，问题更复杂。

4.联系上面三点，我们不难得出：①我国企业会计报表的社会公证在目前的环境下还不能离开财税部门和国家审计部门，而政府有关部门对企业会计报表的社会公证既然与财务收支的财务监督混同起来，那么它就不可能达到公平、合理的目标，这种社会公证往往是违反了在某一环境下会计系统运行和发展的内在规律的。②近年来，许多大中城市相继开设了民间的会计师事务所，从长远来看，这是我国企业会计报表社会公证的一个发展方向。但目前事务所的工作并不好开展，它同样处于企业的正当要求、合理做法与国家的会计制度、财务制度的夹攻之中。

矛盾之七　会计核算与会计监督的矛盾

我国企业的会计监督主要是指会计核算过程中，按照财政制度、财务制度或会计制度中的有关规定，代表国家所实行的行政监督。不可否认，在高度集中的产品经济体制下，这种会计监督曾起过积极的作用，但是在大力发展社会主义有计划商品经济的过程中，过去那种会计监督显然不相适应了，实践中会计继续行使政府行政监督职能，既服务于企业又监督企业带来了两方面的问题：一方面，会计人员处在夹缝之中，很难开展监督工作；另一方面，会计人员缺乏代表国家实行政府行政监督职能的利益机制。正因为如此，多年来我国企业会计监督的实际效果并不好，企业违纪、乱开支、偷税漏税的情况还是很严重的。

我们认为，要解除会计代表国家行使政府有关部门的职责，不要再把会计核算和会计监督交织在一起。企业会计人员不是由于有关规章制度，而应出于职业道德约束从事力所能力的监督工作，会计的监督职能只能通过强化外部监督体系来实现。

要把会计核算与会计监督分开来，唯一的方法是改革我国现代财政制度决定财务制度、财务制度决定会计制度的体制，而要做到这一点，又不得不实行财务会计与税务会计的分离，明确区分会计利润和应纳税利润。如果我们不在名词概念上去论争会计核算与财务会计的不同，那么，上面的说法就可换成：按照会计准则，而不是统一的会计制度组织会计核算工作，计算会计利润，提供能真实反映企业财务状况的财务成果，以及与决策相关的会计信息；在此基础上，再按照有关税法的规定，将会计利润调整为应纳税利润，服务于国家纳税的需要。从我国的实际情况看，目前一下子还做不到将会计核算与会计监督分开来，主要问题不在于会影响国家的税收，而是观念问题和会计准则问题，要用会计准则取代统一的会计制度还需要有观念上的转变和较长时间的准备工作。

矛盾之八　财务会计与管理会计（尤指内部责任会计）的矛盾

1. 由于对管理会计固有内涵认识的模糊性所产生的矛盾。关于管理会计的固有内涵，国内两种比较典型的认识是：第一种，相当于会计分析的内涵；第二种，相当于财务管理的内容。目前我国有不少企业是按照第二种内涵的管理会计组织这部分会计工作的。实际上，这同新中国成立以来实行的会计与财务管理合二为一的做法并无两样。随着企业内部管理对会计信息，尤其是分析和预测的信息数量需求的增加及质量要求的提高，再把管理会计与财务管理合在一起，必将削弱各自的职能作用，彼此都难以兼顾。因此，把管理会计的主要内涵规定在会计分析、预测方面，同时也承认管理会计是财务管理的方法体系是比较恰当的。

2. 财务会计与责任会计之间的矛盾。主要表现在：①两者难以结合。比如，在当前各种材料价格上升很多，企业消化困难的情况下，要把价格因素下放到核算单位去消化，困难更大。因此，在责任会计核算中一般只能采用计划价格，而财务会计则必须采用实际价格，材料成本按计划价格核算的也要调整材料价格差异，仅此因素，两者要结合就显得十分困难。②两者的信息常有矛盾。例如，内部核算单位或责任单位、责任中心按照内部结算价格（往往是计划价格），对可控成本（费用）及利润的核算后所提供的各种数据与整个财务会计核算所得到的数据不合，即责任会计数据汇总不一定与财务会计数据相同，这样就很可能引起利益分配中的冲突。③两者组织上的协调问题，也就是该如何做到资料的共用或"一套人马办两件事"。不少企业都曾发生过会计人员不愿当责任会计的情况。

矛盾之九　会计人员与政府工作人员、社会公证人员、企业内部其他管理人员的矛盾

1.政府有关部门频繁地到企业检查，使许多企业的会计人员难以应付。目前，有不少企业在物价、财务、税收等方面都有违法、违纪行为。政府有关职能部门加强对企业的监督是必要的。问题是每年多次的财务、税收、物价大检查的确影响了企业会计人员的正常工作。同时，由于我国的《企业法》等法规赋予企业会计人员难以执行的会计监督职责，这不能不影响到会计人员与政府工作人员、企业会计部门与政府有关职能部门的关系。

2.随着会计在企业内部管理地位的提高和作用的加强，会计人员，特别是总会计师在企业管理阶层的地位也不断提高。许多企业中，会计人员与企业内部其他管理人员的矛盾也是存在的。我们这里所说的矛盾不是由于会计人员代表国家行使政府行政监督职责引起的，而是会计人员在提供信息和参与企业管理所产生的。据调查，厂长与会计人员的矛盾就比较突出。另外，总会计师与总经济师的

关系也比较微妙,在许多情况下,他们之间的职责是不清楚的。

矛盾之十　会计信息所体现的经济利益矛盾

对于上面讲的九种矛盾,如果要用较精炼的语言加以概括的话,看来用"会计信息所体现的经济利益矛盾"来表述是可行的。

会计信息所体现的经济利益矛盾包括两种情况:一是指会计信息本身是一种财富,一种管理资源。会计信息分配不公平必然要引起会计与各有关利害关系集团之间的矛盾;二是指我国会计信息比较特殊地代表了直接的经济利益关系,如果会计信息加工处理过程中以及所遵循的准绳有所偏颇,自然要引起有关利害关系集团的矛盾。

关于会计信息分配不公的矛盾,在我国将表现得越来越明显。国家要会计信息、企业要会计信息,其他使用者也要会计信息,并且它们都有力量相互抗衡。目前我国企业会计继续按照过去那一套提供和分配会计信息的方法开展工作,引起许多矛盾,主要是企业管理当局和其他使用者的需要得不到满足,国家的信息需要侵犯了企业及其他使用者的需要。前面我们提到过的成本报表就是一个典型的例子。

关于会计信息直接代表经济利益的矛盾在我国是相当突出的。

我国现行的会计制度是根据财政、财务制度的要求制定的。哪些开支可以进入成本，哪些开支不能进入成本，固定资产折旧率多高等都由国家有关制度所规定。有关会计报表的各种数据，特别是利润总额直接代表着国家与企业的经济利益关系。目前企业做假账现象严重，书记成本、厂长利润的现象普遍，其重要原因之一就是这种会计信息与经济利益的"两位一体"，企业要想得到更多的经济利益，改变会计信息就是一种很好的手段。

四、"论会计发展理论"及其回忆

"论会计发展理论"是一篇我在厦门大学读博士期间开始构思，到中山大学任教后完成的论文。正如这篇论文开篇提到的：经过三年多的探索，我认为现代会计理论是由比较会计理论、会计发展理论和会计理论结构三个部分组成的。其中，比较会计理论主要属于横向认识的范畴；会计发展理论主要属于纵向认可的范畴；会计理论结构主要研究某一国家在特定时期内会计理论的构成要素及其联系方式。也就是说，当时我有这样一个初步认知，现代会计理论可从比较会计理论、会计发展理论和会计理论结构三个维度展开研究。我在厦门大学撰写的博士学位论文题目就是"论会计理论基本结构"。到中山大学任教后，我又开展了一些比较会计理论、会计发展理论的研究，之后计划出版《会计理论新体系探索》三部系列著作。第一部《会计理论基本结构》和第二部《比较会计理论》分别由中山大学出版社1994年和1995年出版，原计划中的第三部《会计发展理论》却"流产"了。只有其中的一篇论文"论会计发展理论"发表于《当代财经》1992年第8期，后经《新华文摘》1992年第 11 期全文转载而有一定的影响。

按照这篇论文的提法：发展是一个与"进化"有关联的概念，即事物有规律地"进化"。会计也存在进化的问题，研究会计进化的理论就是会计发展理论。会计发展理论也就是研究会计发展规律性的理论。文中还提出，现代会计主要是朝着两个方向发展的。第一个方向是会计正在由偏重服务于协调财产保管责任关系和经济利益分配关系的功能转向偏重服务于优化经济资源配置的功能；第二个方向是会计正在由资金（本）会计发展成为资本（金）会计、现金流动会计与价值会计有机结合的完整体系。可以这样说，这篇论文尽管有许多不足，但它确实反映了我当时对有关会计发展的哲学观和历史观。

哲学是关于世界观的学说。讲实在话，我并没有系统地学习和研究过哲学。我对哲学的一些初步而肤浅的了解，除了课堂上修读的马克思主义哲学外，另一个来源主要是"走向未来"丛书。这套丛书是由四川人民出版社在 20 世纪 80 年代中期出版发行的一套丛书。据我了解，"走向未来"丛书是在改革开放后我国最早产生广泛影响的一套西方新思潮普及丛书。我购买了这套丛书中的二三十种，现在还保留了一部分，印象深刻的如《第三次浪潮》《大趋势》《增长的极限》《探询新的模式》《发展社会学》《发展的主题》《社会选择与个人价值》《西方社会结构的演变》《整体的哲学》《经济控制论》《看不见的手》《择优分配原理》《增长、短缺与效率》《平等与效率》《对科学的傲慢与偏见》《马克斯·韦伯》等。其中《发展社会学》和《发展的主题》，以及弗朗索瓦·佩鲁的《新发展观》（华夏出版社1987年版）对我有较大的影响。我记得有一段时间，思考得最多的就是有关发展的话题，即使思考会计问题，也与发展扯在一起。为什么我那时提会计发展理论，可能与当时比较多地看这类书、思考这类问题有很大的关系。

除了哲学观外，历史观对一个人看问题的角度和深度也有长远而深刻的影响。除了历史课堂上的课本和一些通俗历史读物外，自己没有专门研究过历史。但历史总是迷人的，无论自觉还是不自觉，每个人都会或多或少有自己的历史观。与其他青年学者一样，我为什么关注会计发展理论，也可能是想梳理一下自己对会计历史、现状和未来发展的一些认知。一定意义上说，这篇论文所讨论的会计发展理论无非就是自己当时对会计历史、现状和未来发展的一些初步认知，还没有达到理论认识的程度。

会计记录和信息披露与编撰历史有很多相像之处，但现在的会计学研究却与历史学研究大相径庭。现在的会计学研究几乎没有人去深入、具体考究史料文本了。正如我在第二部分提到的，针对每一会计行为的决策研究，我们很少去查阅财务部门的请示、不同层级领导的批示和各类会议纪要或决议等史料文档，我们更习惯的是从大样本数据统计结果中猜测会计行为的动机；针对会计行为后果的研究，我们也很少去查阅与此会计数据相关的利益分配方案、契约文本等，同样更多是以大样本数据统计结果替代活生生、真切切的后果和影响。我不知道是我们出了问题，还是历史学研究出了问题。

论会计发展理论[①]

魏明海

经过三年多的探索,我认为:现代会计理论是由比较会计理论、会计发展理论和会计理论结构三个部分组成的。其中,比较会计理论主要属于横向认识的范畴;会计发展理论主要属于纵向认可的范畴;会计理论结构主要研究某一国家在特定时期内会计理论的要素及其联系方式。本文集中讨论会计发展理论几个纲要性的问题。

(一)

什么是会计发展理论?为什么要研究会计发展理论?会计发展理论主要包括哪些内容?这是本文应当回答的第一个方面的问题。

从哲学意义上说,发展是一个与"进化"有关联的概念,即事物有规律地"进化"。按照其新的含义,"进化不仅仅指生物物种的进化,而且指在我们认识到的宇宙范围内出现、存在、变化或消失了的所有事物的进化。"[1]因此,会计也存在进化的问题,研究会计进化的理论就是会计发展理论。既然会计存在进化的问题,那么在研究会计进化时至少应回答会计是怎么产生的?其进化的机制如何?在会计进化过程中是否也发生过"退化"和"异化"的现象?会计本来是呈怎样的进化趋势?从这点出发,会计发展理论更准确

---

① 本文刊登于《当代财经》,1992年第8期,《新华文摘》1992年第11期全文转载。

地说是研究会计进化规律性的理论。

需要说明的是：在建设会计发展理论时，我们可以借用进化的概念进行理解，但这并不意味着一定要广泛、普遍使用进化概念，发展概念可能更容易被人们理解。这样，会计发展理论也就是研究会计发展规律性的理论。

研究会计发展理论，首先是检讨以往所谓会计发展的需要。在会计界，有一种陶醉于历史和现状的倾向，认为会计已经发展得不错了。殊不知，外界对会计的批评越来越多。"破产百出、引人误解的会计制度记录下来的财富增长，越来越难以使人相信。""国家会计制度产生于私人簿记，而私人簿记基本上是个人主义的，勉强是经济学的。""核算，作为优先使用并且经常运用的表达经济利益的方法，就在于把各种成本与产量转变成各种数量或代数。根据这种特殊性质，它集中于能够计算而且应当进行计算的各种东西或物质对象上面，而能够说明纯粹最大值的传统数字排列法正是以此为基础的。现在暴露出来的问题是，这种最大值往往会与最适度相混淆。"要继承历史上会计发展的优秀成果，必然要以会计发展理论为标尺，去辨别、衡量前人在会计领域的创造，既不盲从，也不全盘否定。

研究会计发展理论，也是指导会计未来发展的需要。关于会计未来的发展，世界各国的会计学者都提出了许多设想。这些设想是否可行？是否符合会计发展固有的规律？能否变成一个国家的会计政策？评判的标准是会计发展理论。符合会计发展规律性的设想，应当是可行的，能够变成一个国家会计政策的。实际上，在提出会计未来发展的设想时，就应当以会计发展理论为指导，充分考虑会计发展的规律性。

研究会计发展理论，更是开展和深化我国会计改革的需要。我们知道，会计发展是在会计改革过程中完成的，只有通过不断地改革，才有可能求得会计的发展和水平的提高。当然，会计改革与会计发展毕竟是两个既有联系又有区别的概念。真正能够推动会计发展的会计改革，其前提是实施了充分体现会计发展规律性的会计改革措施。而会计改革要达到促进会计发展的目的，又离不开会计发展理论的指导。

会计发展理论并不是抽象的，其具体内容主要包括三大部分：第一，会计发展机制。主要是指会计发展的基本原理，包括会计是怎样产生和发展的，与其他事物相区别的会计基本特征有哪些，会计与其他事物的关系如何，它们是如何在功能的耦合过程中发展的。会计发展机制是会计发展理论的基础部分。第二，会计发展内容。现代会计的发展究竟包括哪些方面、趋势如何都属于会计发展内容部分要解决的问题。会计发展内容是会计发展理论的核心部分。第三，会计发展策略。实践中，任何一个国家在特定时期内都不能均衡地、同步地发展会计发展内容中的方方面面，而是要选择时机、选择重点、选择方式加以发展，这就是会计发展策略问题。会计发展策略是会计发展理论的应用部分。

（二）

任何组织系统都是功能耦合系统，组织发展本身意味着功能耦合网的自动扩张，并且呈现出这样的过程：内稳态——新的功能耦合网——新的内稳态——进一步建立功能耦合网。[2]以上发展哲学的观点，有助于解开发展机制之谜。

会计的产生与发展是通过其他组织系统的功能耦合来实现的。组织系统具有广泛的含义，就与会计系统密切关联的组织系统来看，它们的具体方面和功能耦合应当分为三个阶段进行认识：

第一阶段：古代官厅会计。古代官厅会计是在奴隶主（或封建皇室）、赋贡税交纳者、管理者和使用者之间的功能耦合中形成并发展壮大的。换句话说，由于奴隶主（或封建皇室）不仅了解赋贡税交纳者实际交纳了多少赋贡税，而且掌握赋贡税管理者工作成绩的大小及赋贡税使用的情况和效益。很明显，会计在这里具备了协调财产保管责任关系和经济利益分配关系、优化经济资源配置的功能。古代官厅会计正是利用其功能与其他组织系统功能的耦合及功能耦合网的扩张求得发展的。

第二阶段：古代民间会计。古代民间会计是在作坊主（或店主）、原料（或产品）供应者、顾客、高利贷者、雇员、奴隶主（或封建皇室）之间的功能耦合中形成并发展壮大的。借助会计，作坊主（或店主）既可了解他的债权债务情况，也能掌握其经营成果以及他所承担赋贡税的完成情况。可以这样说，古代民间会计协调财产保管责任关系和经济利益分配关系、优化经济资源配置的功能更加突出，其地位也在不断上升。

第三阶段：现代意义上的会计。现代意义上的会计通常指采用了复式记账方法，以货币为主要计量尺度的会计，尤其是企业会计。我们知道，企业普遍实行所有权与经营管理权分离之后，会计主要是在与经济资源提供者（投资人和债权人）、经济资源经营管理者、供应单位、客户和政府机关等的功能耦合中发展壮大的。如果没有经济资源提供者、经济资源经营管理者、供应单位、客户和政府机关的功能需要，也没有会计协调财产保管责任关系和经济利益分配关系、优化经济资源配置的功能输出，会计就没有必要也不可能发展。

综上所述，会计是在与其他组织系统功能耦合网的扩张中发展的。研究会计发展，不能孤立地就会计论会计，而是要充分考虑其他组织系统的需要，科学认识会计可能的功能输出。其中，第一个问题涉及两个方面，一是与会计有关的组织系统包括哪些方面，二是不同方面有哪些共同需要和特殊需要；第二个问题主要是指如何科学地把握现代会计的基本特征。以上两个问题，归根到底是社会分工协作的问题。离开社会分工协作的基础去研究会计发展，所的结论很可能发生较大偏差。

需要指出，社会分工协作必须建立在互利的基础上，会计的功能输出对其他组织系统来说实质上是一种利益的提供。据此，其他组织系统之所以能够对会计提出需要,那是因为它们也给会计提供了利益(包括经济利益和名誉地位),这是一个基本前提。

(三)

按照会计发展机制的上述认识,可以进一步讨论会计发展的内容。现代会计主要是朝着两个方向进行发展的:第一个方向是会计正在由偏重服务于协调财产保管责任关系和经济利益分配关系的功能转向偏重服务于优化经济资源配置的功能;第二个方向是会计正在由资金(本)会计发展成为资本(金)会计、现金流动会计与价值会计有机结合的完整体系。

先谈谈第一个发展方向。具体从以下四个方面看:

1.偏重服务于协调财产保管责任关系的会计在发展。在会计学中,常常用到"经管责任"这一概念。所谓经管责任,是随着财产所有权与经营管理权的分离,通过各种各样的手段而确立的经营管理者对所有者承担的经营管理责任。会计能够为协调经管责任关系提供服务,这是人们的共识。今天看来,这种笼统的看法已不甚全面、准确,需分解或扩展成财产保管责任关系、经济利益分配关系和经济资源配置三部分。就财产保管责任关系而言,会计具有良好的、正在发展的服务功能。大家知道,会计首先是作为一项服务于协调财产保管责任关系,甚至直接从事财产保管的工作而出现的。但现在:(1)会计基本上摆脱了直接的财产保管工作,它主要是通过提供经济效益表现中与财产保持有关的信息,服务于协调财产保管责任关系的;(2)财产保管责任关系中所牵涉的当事人日益复杂化,它已从最初的财产所有者与保管者统一为一人,财产所有者与保管者分离为两方当事人,发展到现代化大生产企业中财产所有者集团与企业管理当局、企业管理当局与直接保管、使用财产的部门等多方当事人的关系,会计上,不仅要反映财产所有者对企业的投资,而且还要定期报告其存放地点、存在形态、实物数量和使用情况,分层次协调财产保管责任关系;(3)财产保管责任关系的含义也发生了重大变化,自给自足小农经济条件下的实物财产保量已被商品经济条件下不同的资本(金)保持(如财务资本保持和实体资本保持)所取代,现代会计在服务于协调财产保管责任关系时,需要用到的资产计价理论和方法日益复杂并逐渐完善。

2. 偏重服务于协调经济利益分配关系的会计在发展。(1)会计完全摆脱了实物财产分配的工作,而成为实现既定经济利益分配关系或经济利益分配关系调整的一种重要手段;(2)会计通过提供经济效益表现中与经济利益分配关系有关的信息,所服务的经济利益分配关系不仅包括企业经营管理者与财产所有者的经济利益分配关系,而且还包括了企业与政府机关的经济利益分配关系和企业内部各部门、职工之间的经济利益分配关系;(3)会计在服务于协调经济利益分配关系时,将逐渐放弃利润或经济利益最大化、唯一化的观念,取而代之的应当包括利润、经济利益、社会责任、激励作用和公平等相结合的观念。

3. 偏重服务于优化经济资源配置的会计在发展。"财务报告本身不是目的,而是藉以提供在经营和经济决策中有用的信息——即在进行经营和经济活动中对有限资源的可供选择的用途做出合理决策的有用的信息。"[3]这种认识将具有普遍意义。具体说,财务会计开始重视潜在的投资人、债权人做出投资决策或信贷决策的信息需要,也高度重视国民经济宏观调控和加强企业管理的信息需要,提供使用者决策方面需要的信息也不再仅仅是法律或契约的要求,而是一种主动的行为。此外,主要服务于优化企业内部经济资源配置的现代管理会计正发挥出越来越重要的作用,内部管理报表的重要性大为提高。

4.现代会计正由偏重服务于协调财产保管责任关系和经济利益分配关系转向偏重服务于优化经济资源配置。作为经济管理重要组成部分的会计,伴随着管理重心向决策方面转移,其服务的侧重面或核心功能也将朝着决策方面发展。"由于一项复杂的决策就好像一条大河,是由构成决策的无数前提所组成的众多溪流汇合而成的"[4]。会计就是企业管理决策以及其他有关方面决策的一条重要溪流,因为它提供了有助于决策的信息,是一个决策支持系统。很明显,这里的决策支持系统主要是服务于优化经济资源配置的。实践中,会计在加强服务于协调财产保管责任关系和经济利益分配关系的同时,重点发展服务于优化经济资源配置的会计。

下面接着谈第二个发展方向。会计信息是一种经济效益表现的信息,更准确地说,是一种用观念货币表现的经济效益信息。为了更好地履行服务于协调财产保管责任关系和经济利益分配关系、优化经济资源配置的功能，会计所要表现的经济效益除了传统的资金（本）效益（即财务效益）外，还应当增加现金流动效益和价值效益。这三种效益的指标体系可列示如下：

（1）资金（本）效益→资金（本）存量和资金（本）增量。①资金（本）存量→资产（历史成本基础）→负债、产权；②资金（本）增量→资产变动→负债变动、产权变动→投资人投资变动、留存利润→利润→收入、费用、利得、损失。

（2）现金流动效益→现金存量和现金增量。①现金存量→筹资现金、投资现金、经营现金；②现金增量→净现金流量→现金流入、现金流出。

（3）价值效益→价值存量（Ⅰ）和价值增量（Ⅰ）；价值存量（Ⅱ）价值增量（Ⅱ）。①价值存量（Ⅰ）→资产现值→（资产）、持有利得或损失；价值增量（Ⅰ）→资产现值变动→（资产变动）、持有利得或损失变动；②价值存量（Ⅱ）→（累积）经营效益→（累积利润）、（累积）级差成本、（累积）级差收入→未作价商誉变动。

由于会计在表现不同种类经济效益时所用的理论与方法有一定区别，加之会计学界认识不同种类经济效益的时间有先有后，因此可以把主要表现资金（本）效益的会计分支称为资金（本）会计；主要表现现金流动效益的会计分支称为现金流动会计；主要表现价值效益的会计分支称为价值会计。其中，资金（本）会计相当于现在以历史成本为基础的财务会计和责任会计的内容;现金流动会计相当于减去了责任会计部分的现代管理会计和西方新发展起来的但归入财务会计的现金流动表的内容;价值会计相当于现在以现行成本、现行价值、可变现净值为基础的财务会计和它的分支——社会经济会计、增值表等方面的内容。这种划分方法显然有利于准确地计算各类能被会计表现的经济效益;有利于统筹安排、规划并促进会计的发展。联系以上两种划分方法不难看出:人们通常所说的偏重服务于协调财产保管责任关系和经济利益分配关系的会计,主要是指资金(本)会计,而偏重服务于优化经济资源配置的会计则主要是指现金流动会计和价值会计。如果我们认识到并承认第一个发展方向,就必然要辅之以第二个发展方向,即会计正在由资金(本)会计发展成为资金(本)会计、现金流动会计与价值会计有机结合的完整体系。

(四)

会计发展的以上内容是一个总体说法,具有普遍指导意义。但是,不同国家、不同时期会计发展可以采用不同的策略。现阶段,我国会计发展策略是:

第一,正确认识和大力开展会计发展理论研究,在充分考虑现代会计基本特征的基础上,根据我国社会经济发展的客观需要,深入研究偏重服务于协调财产保管责任关系的会计、偏重服务于协调经济利益分配关系的会计和偏重服务于优化经济资源配置的会计,努力探索完善资金(本)会计、现金流动会计和价值会计方法的新途径。要实现我国会计的发展，现在看来需要进行比较大的观念更新，而要做到这一点，完善会计发展理论本身是一个前提。目前这方面的研究还不够，特别是现金流动会计和价值会计方法的实际可操作程度还比较低，严重阻碍了会计的发展。

第二，在目标国家财政还比较困难，会计与财务尚未脱钩的条件下，可提倡优先发展偏重服务于优化经济资源配置的会计，以及现金流动会计和价值会计方法。这是由于，这方面的改革与发展一般不直接冲击国家财政收入的稳步增长，相反，它必将促进企业改善经营管理，提高经济效益，从而增加国家财政收入和企业留利、职工福利奖励金。

第三，积极创造条件，以会计改革和发展推动企业财务管理体制改革，发展面向企业的会计。所谓面向企业的会计，主要是指为增强企业经济实力，近期适当增加一些"准备项目"，减少利润派出，完善企业内部积累和发展机制，促进社会经济长期增长的一种会计模式。如果企业有比较好的经济效益作保障，国家财政和职工先过几年紧日子，财政上即使先有一定赤字或借一定外债，实行面向企业的会计，让企业发展起来完全是值得的。近年来，党和国家一直要求搞活国营大中型企业，如果没有这一方面的会计发展，搞活国营大中型企业就很难落到实处。

第四，在实行面向企业的会计时，一定要以全面的经济效益表现，以资金效益、现金流动效益和价值效益的协调关系为约束，审视研究和处理我国现阶段的资金存量、资金增量、现金存量、现金增量、价值存量（Ⅰ）、价值增量（Ⅰ）、价值存量（Ⅱ）、价值增量（Ⅱ）之间的关系。目前我国许多企业资产不能保值，利润虚增且超额派出，分配上的平均主义，现金流通不畅通和三角债泛滥等现象，以及最终表现出来的企业发展后劲不足，上述关系不协调是重要原因之一。因此，解决以上问题，会计界是大有作为的。

主要参考文献

[1] E·拉兹浩.进化——广义综合理论［M］.社会科学文献出版社,1988:1.

[2] 弗朗索瓦·佩鲁.新发展观［M］.华夏出版社,1987:4,161.

[3] FASB,SFAC,NO.1.

[4] 赫伯特·西蒙.管理行为——管理组织决策过程的研究［M］.北京经济学院出版社,1988:4.

五、"论会计透明度"及其回忆

这篇论文的研究和写作,既反映了我与同事的合作,也呈现了我指导第一批博士生开展研究的部分情形,因而有着一些特殊的回忆和含义。

会计透明度是反映会计信息披露质量的一个重要概念,也是一个重要的会计理论问题。今天回忆这篇论文的研究和写作,不是想讲这篇论文有多少创新和思想,而主要是回忆的,同时也希望以后能进一步思考以下三个问题:

第一,如何看待国际机构对中国的研究报告?这篇论文研究起源于普华永道(Price Waterhouse & Coopers)2001年1月发布的"不透明指数"(The Opacity Index)调查报告。在这份研究报告所调查的35个国家(地区)中,中国被列为透明度最低的国家。中国的"不透明指数"为87,位居35个国家之首,远远高于不透明指数最低的新加坡(29)和美国(36)。这篇论文开篇的态度是：本文引用该报告，并不表明作者赞同普华永道的研究结论。该项调查至少在受访者的控制上，存在较大争议。比如，对中国的调查以普华永道的员工作为主要受访者，而其他国家的受访对象为当地人士。尽管如此，我们仍然认为该报告对深入研究会计透明度问题提供了新的思路和分析工具。从这段话至少反映出我们应有的三个基本态度：（1）我们要关注国际机构对中国的研究报告，因为它提出了一个重要的会计问题——会计透明度；（2）我们又不能完全相信国际机构对中国的研究报告，因为它至少对会计透明度的理解和数据收集是有失偏颇的；（3）国际机构的报告也为我们深入研究会计透明度问题提供了新的思路和分析工具。无论是自己做研究、认识事物，还是指导学生做研究、认识事物都应有这样的精神。

第二，如何与同事合作研究？这篇论文的一个重要合作者就是刘峰教授。从这篇论文的第三部分（会计透明度：一种制度分析）、第四部分（会计透明度的实现：基于我国证券市场的分析），都能看到他的思维方式的影子。刘峰教授对制度分析和资本市场的案例研究都比较熟悉。我记得当时写作这篇论文时令我们比较困惑的是，如何将会计透明度的形成和实现放在一个更加合适的场景中去加以考察？也就是说：会计透明度是如何形成的，其形成机制是什么？会计透明度是如何实现的，它的实现方式是什么？刘峰教授见长的制度分析和资本市场的案例研究比较好地帮助我们解决了这个问题。因此,一项合作研究,应该是兴趣相同,但思维方式、研究方法互补的合作。

第三,如何指导博士生开展研究和论文写作?施鲲翔同学是我指导的第一批博士生,也是第一位应届硕博连读的博士生。他智商情商都很高,思维也非常活跃,但也有明显的不足,那就是思维比较跳跃、聚焦不够,当时的文笔功底稍弱。一开始总是跳着想问题,思维和观点串联不起来,逻辑架构不起来、文字也比较随意和粗糙。我记得合作写这篇论文的一个重要目的,就是想训练他的思维、锤炼他的文笔,让他安静下来、慢下来、深入思考,学会构思、分层、分析和阐述,同时养成准确用词、细心写作的习惯。从这个意义上讲,这篇论文的研究和写作初步达到了训练博士生的目的。这又让我想到,合作研究和撰写论文一方面是要提出新理论、新方法和新政策;另一方面又是指导和训练博士生开展学术研究的一种比较有效的方式。

会计透明度是一个关于会计信息披露质量的综合性概念,涉及会计准则的制订和执行、会计信息质量标准、信息披露与监管等。在发展现代经济体系,实现高质量经济增长中,不断增强会计信息透明度在我国仍然任重道远。

论会计透明度

魏明海　刘　峰　施鲲翔

引言

2001年1月，普华永道（Price Waterhouse & Coopers）发布了一份关于"不透明指数"（The Opacity Index）的调查报告。[1]该报告以35个国家（地区）为调查对象，从腐败、法律、财经政策、会计准则与实务、政府管制五个方面对不透明指数进行评分和排序。在这份研究报告所调查的35个国家（地区）中，中国被列为透明度最低的国家。中国的"不透明指数"为87，位居35个国家之首，远远高于不透明指数最低的新加坡（29）和美国（36）。作为会计研究者，我们还注意到：在普华永道"不透明指数"的分项调查中包括了会计准则与实务（含公司治理与信息披露）的"不透明"研究。根据该报告，中国的"会计不透明指数"为86，仅次于南非（90），会计透明度与其他国家相比有明显的差距。本文引用该报告，并不表明作者赞同普华永道的研究结论。该项调查至少在受访者的控制上，存在较大争议。比如，对中国的调查以普华永道的员工作为主要受访者，而其他国家的受访对象为当地人士。尽管如此，我们仍然认为该报告对深入研究会计透明度问题提供了新的思路和分析工具。

---

① 本文刊登于《会计研究》，2001年第9期。

什么是会计（信息）透明度？它的具体表现形式是什么？如何将会计透明度从抽象的概念转化为可度量的评价指标？怎样解释会计透明度现象和在实践中把握其度？所有这些都是本文将要研究的问题。我们希望透过会计透明度的研究，能够对我国未来会计准则制订和完善会计信息披露制度的健全提供有益的参考，进而增强我国的会计透明度，促进资本市场的健康发展。

一、会计透明度概念的提出：从相关性和可靠性到透明度

会计的目的在于向企业外部主要利害关系人（包括投资者、监管者、社会公众、雇员、主要的供应商和客户）提供对投资、信贷、监管或其他决策有用的信息。从经济学角度来看，会计信息有助于提高资本、资产和其他资源的配置效率，降低交易成本，有助于形成契约上的事后（ex-post）解决机制。纵观会计（信息）的研究发展，经历了20世纪70年代和80年代关于相关性与可靠性的讨论，90年代对会计信息披露问题的普遍关注，到最近几年来对会计透明度的研究。

20世纪70年代初期开始，关于会计信息质量的研究主要集中在相关性与可靠性的争论上。美国财务会计准则委员会（FASB）的第二号概念结构公告"会计信息的质量特征"被认为是这一问题论争的集大成之作。该报告从财务报告的目标出发，提出了两条最基本的会计信息质量特征：相关性（relevance）与可靠性

(reliability)。按照FASB的定义，相关性是"导致决策差别的能力"，具体指信息的预测价值、反馈价值和及时性；可靠性是指会计信息值得使用者信赖，它又分为如实反映、可验证性和中立性。在此之后，加拿大、澳大利亚、国际会计准则委员会（IASC）、英国等也先后关注会计信息的质量问题，提出了类似的观点。

随着经济全球化和资本国际化流动的加剧，各国会计准则之间的差异、信息披露制度的完善及相关会计问题引起了人们更多的注意。信息披露制度成为各国证券法的核心内容之一，是确保公平、公开、公正的证券市场得以建立的一个重要前提。由于各国政体、经济发展程度、相互沟通等方面的因素，目前各国对会计信息披露尚未形成一致的标准。从技术上看，信息披露的标准主要应从时间、质量和数量上去把握，这三者基本涵盖了对信息披露行为在形式、内容和范围上的要求。

1996年4月11日，美国证券交易委员会（SEC）发布了关于IASC"核心准则"的声明。在该声明中，SEC提出三项评价"核心准则"的要素，其中第二项是"高质量"。[2] SEC对"高质量"的具体解释是可比性、透明度（transparency）和充分披露。这之后，SEC及其主席阿瑟·莱维特（Arthur Levitt）多次公开重申高质量会计准则问题，并将透明度作为一个核心概念加以使用。

1997年初东南亚金融危机爆发后，许多国际性组织在分析东南亚金融危机的原因时，将东南亚国家不透明的会计信息归为经济危机爆发的原因之一。联合国贸发局（UNCTAD）的调查报告直接讨论了会计信息披露对东南亚金融危机的影响。[3]该报告认为，东南亚国家很多金融机构与公司的失败或近乎失败，其可能的原因有：高负债、私营部门对外汇日益增长的依赖、透明度和解释度的不足（lack of transparency and accountability①）。透明度和解释度不足被认为是东南亚金融危机的直接诱因。该报告没有正面界定透明度，但对关联方借贷、外币债务、衍生工具、分部信息、或有负债、银行财务报表披露六个问题，比较了东南亚国家会计实务与国际会计准则的差异，发现这些国家会计信息披露明显低于国际会计准则的要求。由此我们可以推断：披露不足是透明度的一个重要标志。尽管如此，会计透明度究竟指的是什么，它与相关性和可靠性、信息披露概念之间有何关系仍然缺乏一个有效的界定。

二、会计透明度：涵义及概念

巴塞尔银行监管委员会（Basle Committee on Banking Supervision）1998年9月发布的"增强银行透明度"研究报告中，将透明度定义为：公开披露可靠与及时的信息，有助于信息使用者准确评价一家银行的财务状况和业绩、经营活动、风险分布及风险管理实务。该报告进一步讨论认为，披露本身不必然导致透明；为实现透明，必

---

① 在会计上，accountability一词有受托责任、会计责任等不同层面的含义，这里应当是指可解释性或解释能力问题。放在上下文中，指东南亚金融危机中，一些企业或机构的财务报表不具备相应的解释能力，报表信息让人不知所云。本文据此将其翻译为解释度。

须提供及时、准确、相关和充分的定性与定量信息披露,且这些披露必须建立在完善的计量原则之上。透明信息的质量特征包括:全面(comprehensiveness)、相关和及时(relevant and timeliness)、可靠(reliability)、可比(comparability)、重大(materiality)。

按照巴塞尔银行监管委员会的定义,高透明度意味着能够"透过现象看本质",即企业所提供的信息,使用者能据以准确了解企业的财务状况、经营成果及风险程度等。换言之,在现有的确认与计量的框架下,通过有效的披露来增强会计信息的透明度,应当是一种可行的选择。从目前的各种论述及现有会计准则的要求看,有效的披露应当包括披露更多的信息(即"充分披露"),还应包括以恰当的方式披露恰当的信息(即"相关性"和"重要性")。当然,上述要求还必须建立在所披露的信息相对可靠的基础之上。

普华永道在"不透明指数"报告中,将"不透明(opacity)"概念定义为:在商业经济、财政金融、政府监管等领域缺乏清晰(clear)、准确(accurate)、正式(formal)、易理解(easily discernible)、普遍认可(widely accepted)的惯例。普华永道在测定会计不透明指数时总共调查了12个问题,它们分别是:(1)会计准则的一致性(程度);(2)典型的投资者获取私营部门信息的难易程度;(3)与会计准则有关的不确定性程度;(4)私营部门对会计准则的遵循情况;(5)政府对会计准则的遵循情况;(6)国有企业对会计准则的遵循情况;(7)中央银行对会计准则的遵循情况;(8)商业银行对会计准则的遵循情况;(9)银行向监管机构提供准确信息的频率;

（10）获取公司现金流量信息的难易程度；（11）获取公司当前资本结构的难易程度；（12）获取公司经营风险水平的难易程度。在测定中国会计的不透明指数时，普华永道的员工主要提及以下问题：

	第一选择	第二选择	第三选择
受访对象1	金融工具的公允价值及其相关减值记录（即：准备等）的有限披露	报表附注披露信息的总体程度不足（分部披露、易货贸易、风险集中、或有费用、递延税金等）	缺乏长期责任（如退休后福利、医疗与员工福利、养老金等）的准则，导致会计表现为发生时才付款（pay-as-you-go），从账户中难以理解责任的性质和范围
受访对象2	数据（资料）缺乏可靠性	披露不充分	缺乏或有负债准则
受访对象3	可疑的账目	存货准备	养老金成本的会计处理
受访对象4	不同权力机构对同一问题的不同规定（规章）	权力机构和商业团体之间缺乏沟通渠道	外资公司和内资企业适用不同的准则
受访对象5	收入确认	缺乏信用保障	税务驱动的财务会计
受访对象6	合并/关联方交易	贷款损失准备	雇员福利成本
受访对象7	应收款项和存货计价	固定资产计价	税法下的刚性会计模式

我们在本文的开篇就申明，普华永道的调查设计，至少在中国部分与其他国家（地区）的受访对象不同，因而，最终结论的可比性受到影响。尽管如此，他们所提及的问题对我们理解会计透明度应当包含的内容仍然有帮助。上述7个受访对象所涉及的21个问题（相互之间存在交叉、重复之处）可粗略地分为3大类：关于具体经济事项的会计处理，如应收款项、存货、固定资产、收入、养老金等的确认、计量与报告问题；关于会计模式问题，如税法驱动的刚性会计模式、不同企业执行不同的会计准则、不同的权力机构对同一问题存在不同规定等；关于沟通与交流渠道问题，如权力机构和商业团体之间缺乏沟通渠道。

我们认为，会计透明度概念的提出是对会计信息质量标准和一般意义上的会计信息披露要求的发展。会计透明度是一个关于会计信息质量的全面概念，包括会计准则的制订和执行、会计信息质量标准、信息披露与监管等。会计透明度应当包括以下三层含义：(1) 存在一套清晰、准确、正式、易理解、普遍认可的会计准则和有关会计信息披露各种监管制度体系，所有的会计准则和会计信息披露监管制度是协调一致而不是政出多门、相互矛盾的。这是上表受访对象涉及最多的话题；(2) 对会计准则的高度遵循，无论是公营部门还是私营部门、政府机构还是企业都能够严格遵循会计准则；(3) 对外（含投资者、债权人、监管机构等）提供高频率的准确信息，能够便利地获取有关财务状况、经营成果、现金流量和经营风险水平的信息。如果说，相关性与可靠性侧重于会计信息自身的质量标准，信息披露侧重的是实现会计信息质量标准的一种方式，那么会计透明度则是一个全面、综合性的概念，它不仅同时顾及了会计信息自身的质量标准以及实现会计信息质量标准的方式，而且还丰富了会计信息质量标准和实现会计信息质量标准的方式，是一套全面的会计信息质量标准和一个进行会计信息全面质量管理的"工具箱"。

三、会计透明度：一种制度分析

追求高透明度的会计信息既有成本也有效益。对高透明度会计的成本与效益分析，可从一个国家（地区）整体水平和单个企业两个不同的层次进行。其中，一个国家整体水平的会计透明度，主要取决于该国会计准则及相应法律、法规等的完善程度；单个企业的会计透明度，则更有赖于企业的对会计准则的遵循和自愿披露。

普华永道的研究报告发现：一个国家（地区）的透明度与其资本成本之间存在直接的关系，透明度越高，其资本成本越低。比如，以透明度最高的新加坡和美国为参照，被列为透明度最低的中国，其平均资本成本要高13.16%；俄罗斯的平均资本成本高12.25%。FASB"改进企业报告"也认为：会计透明度与平均资本成本有着直接的关联。从国际范围来看，随着资本跨国流动人为障碍的逐步减少，国际资本流动的速度越来越快。而逐利性是资本跨国流动的首要动机，一个不透明的市场，其对国际资本的吸引力相对要低。[4]或者，这一市场取得跨国资本的成本相对要高。从这一角度来看，高透明度的会计信息，成为当前和未来国际资本市场相互竞争的一个重要方面。SEC近年来大力推动高质量会计准则，其用意应当在于此。

　　契约理论认为，企业是一系列契约的联结。维系企业存在的各种契约的订立、执行与监督，在相当程度上依赖会计信息。以最基本的契约——企业所有者与经营者之间的契约为例，这种契约必定在相当程度上涉及会计信息。由于所有者通常不参与企业的日常经营管理；加之企业一旦达到一定规模后，经营活动环节相当多，不透明度增高；此外，外部市场环境复杂多变，这一切导致所有者和经营者之间严重的信息不对称。或者说，对所有者而言，信息不透明程度较高。所有者担心经营者会采取"机会主义"行为等来损害其利益，而理性经济人等表明，这种"机会主义"行为总是在发生。在一个有效的经理市场上，经营者为了保住自己的位置，就必须要让委托人相信他不会采取"机会主义"行为[1]。为了取信于所有者，他们具有主动提供会计信息，以提高透明度、降低会计信息不对称程度的动机。实践表明，得到广泛采用的财务会计信息披露制度，就是这一制度安排的结果。为了保证经营者所提供的会计信息的可信性，企业会聘请独立的注册会计师进行专业审计。本森（G.Benston）的研究表明，1926年纽约证券交易所公开上市的公司中，82%的公司的财务报表已经接受会计师事务所的审计（在美国SEC强制要求所有上市公司的财务报表必须经过独立审计之前）。[2]

---

[1] 我国很多国有企业（包括上市公司）的经理人员都是由政府任命的，这样，他们没有来自经理人员市场竞争的压力。因而，其主动提供信息提高透明度、降低信息不对称的动机较弱。

[2] 引自Watts and Zimmerman, 1983.

我们说企业是一系列契约的联结，表明这种契约关系遍及与企业运行相关的全部环节，如企业与债权人之间、企业与材料供应商及产品销售商、企业内部高级管理者与其下属之间、管理者与员工之间，等等。同样，在这些契约订立、执行与监督的过程中，信息不对称现象仍然存在。在一个相对有效的市场环境中，任何有可能机会主义行事去损害契约关系另一方的利益的主体，都存在自愿降低信息不对称度、提高透明度的倾向。通过提高透明度，将有助于企业的真实价值被市场发现和认可，降低其在市场中运行的各种成本与风险。实证研究结果表明，如果市场充分了解并相信某企业，则其在市场中的融资成本相对要低。

当然，高透明度也会为企业带来负面的影响，如更高的信息提供成本、潜在的责任风险。[①]当一家企业的真实经营状况不佳、各种经营风险也非常高时，提高透明度的一个可能结果，就是加速该企业的灭亡。企业求生的本能，使得其所有者和经营者都存在着降低会计信息透明度，甚至提供虚假信息以骗取市场信任的利益动机。正因为如此，市场安排未能自动实现高透明度，即便在发育较成熟的美国资本市场上，各种"数字游戏"仍然存在。

四、会计透明度的实现：基于我国证券市场的分析

尽管我们将会计透明度的内容界定为：一套清晰的会计准则；

---

① 多次被新闻报导的医疗诉讼问题。其中，医院为了保护自己，一个通行的做法是不向患者提供完整的医疗档案。提供医疗档案，增加了医院败诉的可能性，同时，也为一些无根据的诉讼（即一些属于正常病例的患者对医院提出不合理的诉讼）提供了信息。

所有部门都高度遵循会计准则；对外提供高频率的准确信息。但是，追求高透明度可能会潜在性地限制或损害某些相关的利益团体，这些可能受高透明度会计信息影响的利益团体必然会为了自身利益，降低甚至放弃高透明度的会计信息。

普华永道"不透明指数"的报告将调查对象分为高收入国家（地区）、中上收入国家（地区）、中下收入国家（地区）和低收入国家（地区）等四类，分别就会计透明度进行调查。在调查过程中，对不同类别国家（地区）考察的出发点和重点差别较大。其中，对低收入国家（地区）侧重考察实物证券、双重簿记、官僚机构、执行情况等；对收入中下国家（地区）的考察重点是汇率、财力、通货膨胀会计的披露与条款；对收入中上的国家（地区），重点考察合并（关联）企业报告、税务驱动（tax-driven）会计和资产评估；对高收入国家（地区），主要关注无形资产估价、长期资产补偿和各种劳动和雇员福利条款。可见，高会计透明度的实现不是一蹴而就的事情。它的实现也是一个循序渐进的过程。在这一过程，完善会计准则和相应的会计信息披露与监督制度，只是为会计信息高透明度的实现，提供了一种技术上的保障。至于企业及与其存在利益关系的相关各方是否遵守、执行，主要取决于遵循行为所产生的成本和效益的对比。换言之，当执行能达成高透明度的会计准则只是增加各相关利益集团的成本与风险时，可以预见各该利益集团将不会执行这些会计准则。

理论上，影响企业是否执行高透明度会计准则的因素很多，我们姑且将其笼统称为"会计环境",它总体包括两部分:事前的制度安排,诱导企业自愿提供高透明的会计信息。比如,一个相对有效的市场环境会很快识别企业不透明的会计信息,并给予足够重的惩罚。事后的惩罚机制,使得任何已经提供不透明会计信息的尝试,会因相关机构的严惩而事实上不经济。

我国资本市场在短短十多年的发展历程中,暴露了很多会计信息不透明的案例。比如,红光实业(600083)1997年6月挂牌上市,但当年年末该公司就创下亏损近两亿元的记录。中国证监会事后的调查显示,该公司上市前实际上就是一个亏损公司,通过虚假会计信息骗取上市资格。如果该公司上市前如实执行当时已有的《企业会计准则》和《股份制试点企业制度》,可以肯定,它将得不到上市资格;同样的案例还有郑百文(600898),这也是一个完全通过编制虚假会计信息骗取上市资格的公司;类似的案例每年都要发生数起。就这些案例而言,会计信息不透明只是问题的表现方式,真正的原因都是超出会计准则与相关会计信息披露制度之外的,包括提供虚假会计信息的潜在利益激励、公司没有真正的治理结构、政府介入过多过深等。当然,法律责任的缺位使得事后的惩罚机制失去应有的威慑作用,也是其中一个重要的解释因素。具体而言,当企业在考虑不遵循现行会计准则、提供不透明的会计信息时,其潜在的收益是可预期的,包括获取稀缺的上市资格、配股资格等;同样,中介机构也会获得不菲的收益;从我国截止到2000年底的状况来看,潜在的风险很低,只有琼民源的负责人因提供虚假会计信息、红光实业的负责人因欺诈发行股票罪而入狱,相关的经济处罚低,更没有惩罚性赔偿,特别是对中小股东因会计信息不透明而产生的损失的赔偿。

实证会计研究也支持这种逻辑推论与现象观察。鲍尔、罗宾和吴(Ball, Robin and Wu)对据称都执行了国际会计准则的中国香港、泰国、马来西亚和新加坡的研究表明,如果只按照会计准则区分,这四国(地区)应当提供高透明度的财务报表;但如果按照当地经济和政治环境对财务报表提供者所产生的激励来看,则他们所报告的会计信息将是低透明度的。实证结果支持作者的假设。[5]而鲍尔、科萨里和罗宾(Ball, Kothari and Robin)的研究还发现,英美法系国家的会计透明度要高于大陆法系国家。[6]其他很多研究①都发现,在会计信息披露与法律责任之间存在非常强的相关性。

概言之,一套清晰、准确的会计准则和相应的信息披露制度,只是为高透明度会计的实现提供了技术上的可能。只有当相关会计环境使得提供不透明会计信息的预期收益为负时,会计高透明度的实现才成为必要。

---

① Kothari et al., 1989; Basu, 1997 等。

主要参考文献

[1] Price Waterhouse & Coopers.The Opacity Index.downloaded from www.opacityindex.com, 2001.

[2] SEC statement regarding international accounting standards, April 11, 1996. downloaded from www.iasc.org.uk.

[3] UNCTAD, The role of accounting disclosure in the east asian financial crisis: Lessons learned? prepared by Zubaidur Rahman, 1998.

[4] FASB Steering Committee, Improving Business Report: Insight into enhancing voluntarily disclosure, Business Report Research Project, downloaded from www.fasb.org, 2001.

[5] Ball, Robin and Wu, Incentives versus standards: Properties of accounting income in four east asian countries and implications for acceptance of IAS, downloaded from http://papers.ssrn.com/paper.taf? abstract_id=216429, 2000.

[6] Ball, Kothari and Robin, The effect of international institutional factors on the properties of earnings, JAE29 (1), 2000.

六、《公司高管的会计责任——前世通公司 CEO 法庭审理分析》及其回忆

前面我也提到,做研究需要兴奋、热情、专注和投入,还需要真诚、正直、良知和正能量,尤其是写书更是如此。《公司高管的会计责任——前世通公司 CEO 法庭审理分析》一书的创作在一定程度上体现了这一点。

那是 2004 年初冬的事了。2004 年 5 月我卸任中山大学管理学院院长后,8 月初就到了卡内基梅隆大学(Carnegie Mellon University)做富布赖特(Fulbright)研究学者。初期的三个月,主要是看书看论文。每天早上 7:30 左右开车把女儿送到她就读的学校后就赶到卡内基梅隆大学 Tepper 商学院为我提供的办公室。办公室在商学院的三楼,尽管只有 6 平方米且没有窗户,但毕竟是个单人间,很安静、很方便,可以静心阅读。读了三个多月的书后,当时就想应该着手开始写点东西。

当时除了阅读学术著作和学术论文外，几乎每天我都会看自己订阅的华尔街日报（The Wall Street Journal，WSJ）。一是想多训练英文阅读能力，二是还想多跟踪了解美国金融、商业领域的新闻。由于之前美国发生了网络股泡沫以及一系列大公司的财务丑闻，进入2004年冬季，美国开始了多家财务丑闻公司高管的法律大审判。其中，华尔街日报系列报道的前世界通讯公司（WorldCom）CEO及其他高管的法庭审理吸引了我的注意。大约从2004年年底开始，我系统地收集了相关的资料。从2005年2月开始动笔，坚持了长达四个月的写作。在连续的四个月中，我几乎是每天凌晨三点起床开始写作至七点，之后送女儿去上学，大约八点半回到学校办公室继续查阅资料至下午三点半，然后又去接女儿回家。现在回想起来，那四个月，既兴奋，但其实又真是难熬！《公司高管的会计责任》一书原本根本不是我的计划结果。

正如我在书中详细记录的写作目的：

《公司高管的会计责任》主要是一部写人的书。主人公是前世界通讯公司（WorldCom）的CEO，配角则很多。为什么一部会计专业的著作会主要地去写一位CEO？也就是说，这部书的主要写作目的在哪儿呢？

在会计中，往往只见数字不见人。会计好像就只有数字、分录、项目、凭证、账本和报表。这些都是物、都是事。背后应当还有人的，但我们常常视而不见。

在会计中，往往只见规则不见执行规则的人。会计还好像就是制度、准则、原则、政策，等等。规则是死的，人才是活的。人能定规则，也能破坏或者越过规则。会计中，除了规则之外，也应考虑执行规则的人。

在会计中，往往只见到会计而见不到公司CEO。有的人会说，我们见到了人，见到了做会计的会计。后一个会计，就是人，即财务会计人员，甚至财务会计主管。但即使如此，你见到的还是会计小圈圈里的人，还是没有见到公司的CEO。

为什么在会计中，总是很难见到CEO的身影？难道CEO真的与会计无关吗？显然不是。只要我们翻翻报纸、看看财经新闻、查阅一下公司的年报或季报，CEO的名字常常映入眼目，很多时候还闪闪发亮，都与会计有关、与财务信息披露有联系。

CEO既不做账，也不编表。账务处理和报表编制都不是CEO的事情。但是，CEO却要在财务报告中签名，还要对外报告和披露财务信息。因此，法律赋予了CEO的会计责任，CEO与会计有着紧密的关联。

不仅是CEO与会计有关联，公司的其他高管人员也与会计有关联，公司的财务会计人员、主管与会计的关系就更密切了。

因此，这部著作的第一个目的，就是期待人们更多地关注会计中的人！尤其是公司的高管人员，如CEO等。会计从来都没有都离开过他们的掌控。没有CEO的会计、没有人的会计，就是死的会计，实际上也就不存在会计。在初级会计中，最多的就是道理和原则，很理性。无论是初级会计学科，还是初级会计人员和工作，大致都如此。人们美其名曰"纯真"！在中级会计中，制度、准则、标准、指南充斥其中。中级会计学的教科书也变得厚厚的，中国的会计制度和准则、美国的公认会计原则、国际财务报告准则，等等，都包括在内。中级会计人员和工作，则显得踏踏实实、规规矩矩。人们美其名曰"老实"！在高级会计中，会计选择、盈余管理唱起了主角。灵活性、可选择性、会计决策就成为冠冕堂皇的理由。于是，利润操纵、会计舞弊大行其道。人们还美其名曰"创新"！会计往哪个方向走，是不是越高级的会计就有越多的利润操纵和会计舞弊，就包含着越多的CEO等公司高管人员的主观意志？在发展会计的同时，如何强化高管人员的会计责任，特别是法律上的责任？会计选择、盈余管理的基本信条在哪儿？如果有超级会计的话，责任和信条是不是其中的主体内容？

这样，这部著作的第二个目的，就是期待人们更多地关注会计中的人的责任和信条问题！特别是CEO的会计责任，CEO的信条对会计的影响。不同的责任和信条下，会计选择和盈余管理存在巨大的差异，公司会计舞弊的生存环境也完全不同。人们很容易见到公司里面的会计人员。而在公司中与会计有关的人和事，有的大大方方、公开透明，有的则遮遮掩掩、私下勾当。很多所谓的"公司会计"，大概就属于这类吧！

人们也比较容易见到延伸到资本市场上的会计。上市公司都要向资本市场的监管机构、投资公众等公开披露财务信息，这些信息有的是真实的、有的是虚假的；公司有时候是公平地披露信息，有时则只对某些方面、某些人透露信息；公司披露的财务信息有的是高质量的，有的是低质量的；等等。现在很多人关心的"资本市场会计"，就与上述方面有关。

人们却很难清清楚楚地见到进入到法庭上的会计。如果要关注会计中的人，特别是更多地关注会计中的人的责任和信条，那可能就只能到法庭上去了。在法庭上，除了许许多多的、具体的会计事务外，最容易见到人、人私底下的想法和行为。也只有在法庭上，相对来说能比较有效地确定人，尤其是像CEO这样的公司高管人员的会计责任问题。

于是，这部著作的第三个目的，就是期待人们更多地关注进入到法庭上的会计问题，特别是财务会计主管、CEO等公司高管人员的会计责任和法律责任。我们暂且把它叫做"会计责任的法庭审理分析"或者"法庭上的会计"。除了关注财务会计主管、CEO等公司高管人员的会计责任外，现实社会中，所有的"一把手"都存在信息披露的法律责任问题。尽管这里的信息披露不一定是财务信息披露，但我们认为所有的信息披露都有相似之处。也就是说，无论是财务信息的披露也好，还是统计信息、其他业绩信息的披露也好，都会对社会、社会公众或特定的信息使用者产生重大的影响。如果这些信息有问题，是虚假的、伪造的，同样存在谁应该负责任，应当负什么样的责任的问题。

推而广之，也就是说任何单位的"一把手"、任何部门的"一把手"、任何地方的"一把手"都具有知情、实报、实事求是、讲真话、报实绩的天职。无论在什么时候，他们都应对其说过的话、做出的业绩报告负法律责任。如果CEO等公司高管人员因提供虚假财务信息误导投资公众而需要负刑事责任，那么，其他单位、部门、地方的领导因说假话或提供虚报业绩报告（比如利用统计数据等）而误国误民，又该当何罪呢？

所以，这部著作还有最后一个目的，那就是期待不仅关注公司高管人员的会计责任，还更应关注其他单位、部门和地方领导的业绩报告与信息披露的法律责任。只有这样，我们的社会才可能有一个干净的信息环境、投资环境、经济和社会发展环境。

今天我回忆这部著作的写作，还有三点感想提出来希望与读者一起进一步交流：

第一，会计研究一定要见人见物见事而不仅仅只是见数字。会计表面上是一系列的数字（项目＋数据），背后却是一系列相关联的事件、事项和事物，再背后更有一系列的利益相关者。这部著作试图做到见人见物、见事见数字。

第二，会计研究也有传递正能量的问题。会计研究常常揭露的是阴暗面，这样的研究也比较容易发表。虽然这部著作也把法庭上揭示的各种"丑恶"呈现了出来，但同时也传递出很多正能量。在该书的最后一章"公司高管的天职"中，我写下了这样一段话：人有规避责任、推卸责任的禀性。现在我们要说，除了人的禀性之外，也还应有天职，还有承担责任的天职。"责任比天大"，每一位在职场上、在管理岗位上，尤其是在领导岗位上的人，在关键的时刻都要认真考虑自己是否有责任。对一家公司的高管人员来说，无论在什么时候都应敢于承担责任，这是一种神圣的天职，更是一种浩然的、有尊严的天职。履行这样的天职的确很难，因为谁都不想挨罚，更不愿意去坐牢和送死。

第三，文本资料，尤其是法庭审理资料可能是会计研究的一项重要证据，这些资料中有数据、有事物、有人物，还有缘由动机、经济后果等，构成了更加完整、真实、深刻的故事。讲实在话，在写这部著作时，我还真有一点点"非分的"期待，那就是想看看能不能创立一个叫"会计责任法庭审理分析"的研究领域，或一种叫"法庭审理会计分析"的研究方法。只是后来由于自己的专注度不够，没能持之以恒坚持探索下去。

这是一部十多年前撰写的著作。尽管时代在变迁，但这部著作所揭示的一些会计行为的基本原则、道理始终应该还是存在的。

《公司高管的会计责任——前世通公司CEO法庭审理分析》

魏明海

目　录

引子

1　会计舞弊的事件回放

1.1　CEO突然辞职

1.2　女内审库泊"引爆"事件

1.3　CFO试图继续隐瞒

1.4　110亿美元的会计舞弊

2　责任追究的"两分离"原则

2.1　"人司"分离

2.2　"刑民"分离

2.3　五位财务会计主管认罪

2.4　一位中层财务会计主管的心路历程

2.5　早死的会计公司与人出血的投行

2.6　CEO的刑事责任追究

3　公司会计舞弊与对CEO的指控

3.1　指控策略

3.2　指控的正式宣布

3.3　三类指控

3.4　为什么要在纽约检控?

3.5　与投资公众的沟通

3.6　财务报告的主要过程

3.7　舞弊计划

3.8　对会计账目的虚假调整

3.9　在上报给SEC的文件中存在虚假陈述和误导性的遗漏

3.10　在对外披露中存在虚假陈述和误导性的遗漏

3.11　欺诈的手段和方法

4　起诉官与被告律师的策略

4.1　一项特别的使命

4.2　埃贝斯案子正式开始审理

4.3　控辩双方的策略

4.4　谁是真正的骗子

5　检控方证人证词的分析

5.1　前财务控制长梅尔斯出场

5.2　外部分析师昆顿的证词

5.3　贷款银行职员关于埃贝斯压力的说法

5.4　低层会计主管的不同证词

5.5　"污点证人"沙利文开始出庭作证

5.6　前投资者关系部主管"大家伙"与"小个子"的对比

6　被告方证人证词的分析

6.1　事件"引爆人"再次处在风暴中心

6.2　前董事会主席罗博特斯如是说

6.3　埃贝斯可能进行的绝地反攻

6.4　埃贝斯出庭为自己作证

6.5　埃贝斯说法与沙利文证词之间的关键不同点

7　控辩双方在结案陈词中再次针锋相对

7.1　被告在侮辱你们的智力

7.2　埃贝斯有罪的前10大理由

7.3　他比在百老汇扮演哈姆雷特的演员还更善于伪装

8　CEO被裁定有罪

8.1　进入陪审团合议阶段

8.2　埃贝斯被裁定有罪

8.3　陪审团是如何做出裁定的？

8.4　用法律制裁那些从事公司犯罪的高管

8.5　高管应承担更高要求的托管责任

9　公司会计舞弊与财务会计主管的责任

9.1　股价就是"硬通货"

9.2　从外延增长到内涵增长的困境

9.3　"关键业绩衡量指标"成为指挥棒

9.4　特殊的总部会计的形成

9.5　总部会计与总账会计系统

9.6　总部会计和总账会计系统的人、舞弊与责任

10　分析师预测与公司高管压力的形成

10.1　股价成了一个"驱动器"

10.2　世通公司的两类会计舞弊

10.3　分析师预测、世通公司的高管压力和会计舞弊

10.4　管理层预期与预期管理

10.5　世通公司管理层预期、分析师预测和会计舞弊

11　公司高管行使信息权力与会计舞弊

11.1　公司高管在信息权力上的优势

11.2　信息权力及其特点

11.3　公司高管行使信息权力与会计

11.4　会计"二次决策"的特点和影响因素

11.5　世通公司高管的信息权力与会计舞弊

12　公司会计舞弊与CEO的责任

12.1　个人贷款与压力的形成

12.2　激励与股价"驱动器"

12.3　信息权力与内部信息掌握

12.4　内部信息与对外披露信息的反差

12.5　利益冲突

13　公司高管的天职

13.1　公司高管具有相应的会计责任

13.2　船长的故事

13.3 多种利益兼顾与利益冲突

13.4 分工不等于无责

13.5 不知情与责任

13.6 不懂账目不是理由

13.7 内部控制的意义

13.8 公司高管的会计责任

主要参考资料

致谢

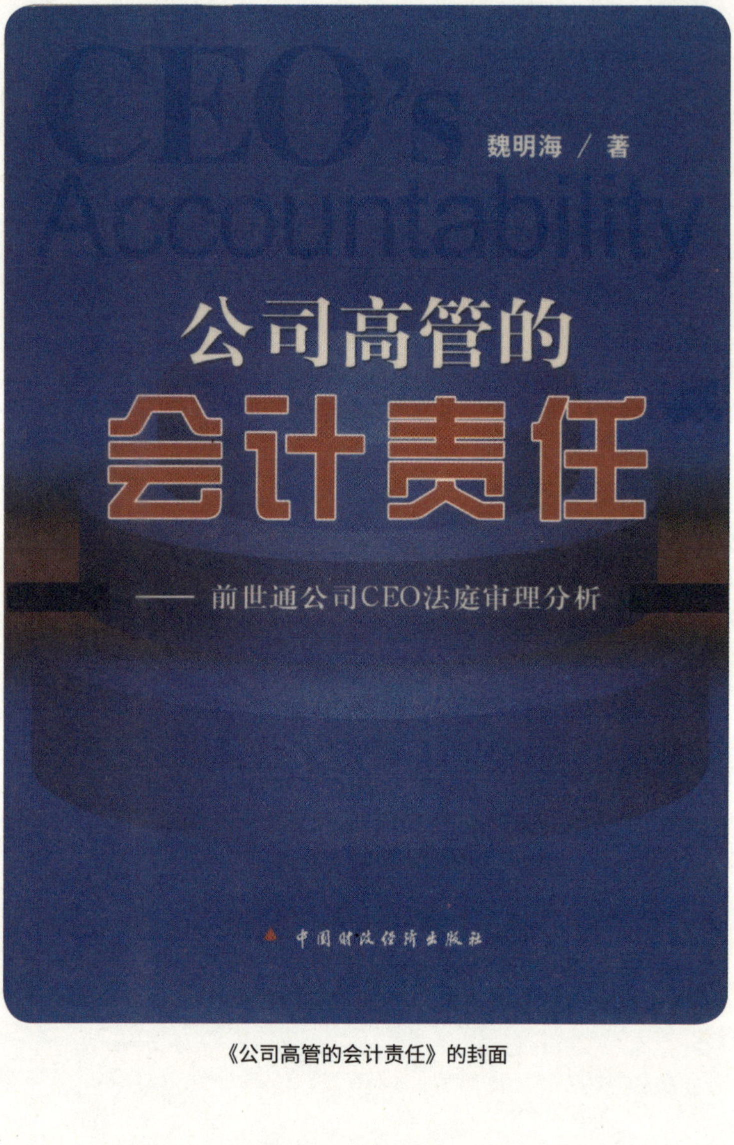

《公司高管的会计责任》的封面

七、"代理人行使信息权力过程中的会计问题"及其回忆

会计研究需要理论指导，我们最习惯也是最便利的就是借用经济学、管理学等学科的理论解释会计行为的动机及其经济后果。过去我们做规范研究如此，今天我们做实证研究更是这样。实际上，其中有一个关键问题可能被我们忽视了。那就是，在借用经济学、管理学、社会学等学科的理论解释会计行为的动机及其经济后果的过程中，从事会计学研究的我们是否也需要从专业的角度重新认真审视这些经济学、管理学等学科的理论，是否也需要对这些理论进行改造和发展，以便更合适地指导我们的会计学研究、解释特定的会计行为？

"代理人行使信息权力过程中的会计问题"（与黎文靖、唐清泉合作）一文，以及我与黎文靖同学另外撰写的"信息权利的性质与特征"[①]就是在上述思考的驱动下开展的一点研究。大家都知道，委

---

① 本文刊登于《管理学报》，2006年第5期。

托代理理论以及与此相关的契约理论是我们开展会计学研究时借用的最频繁、使用的最多，甚至已经见惯不惯的经济学理论。我们的这一研究就是试图重新审视这些理论，并期待对这些理论进行必要的改造和发展，以更好、更合适地用于指导我们的研究。

在我的电脑文档中，仍然可以查到2004年10月1日我在美国写给黎文靖和唐清泉的邮件资料：

信息权力与两次决策间的博弈问题（这个讲法还不是很清晰）。我的意思是：企业有许多决策，如做股权融资、投资预算、确定激励报酬方案、签订借贷协议等，严格地说，这些决策可以理解为一次决策。

这里说的二次决策是指针对一次决策而进行的随后的会计决策（如会计政策选择和盈余管理等）。

理论上，一次决策形成契约和契约权力；二次决策取决于信息优势，是一种典型的信息权力。

一次决策在形成契约和契约权力的过程中，契约当事人的公平性？或所有者相对优势？

二次决策中代理人有相对优势？

一次决策对会计二次决策会产生影响，会计可以考虑被理解为针对一次决策而进行的二次决策（这里可以考虑一一对应关系，也可以考虑二次决策是对所有一次决策综合之后进行的）。人们通过研究二次决策，有助于改善一次决策（学习）。实际上，从较长的时间看，两次决策间存在博弈问题。能否用权力的三分法去解读两次决策间的博弈问题。

不是单独做会计研究，就要把一次决策的情形描述清楚或理论上搞清楚，可以看其他领域学者的研究，看他们如何讲，把他们的阐述放在这样一个理论框架中情形又会如何？能否继续成立？要把一次和二次决策联系起来，完整地看才有其真正的意义。另外，可否根据上面的想法，看能否形成一些新的会计理论：二次决策观。会计既不完全是原有的真实反映观或决策有用观，会计可能是针对一次决策而进行的二次决策。因此，我们可以在会计二次决策观方面做一些较深入的研究。先做理论研究，再做模型研究，并可以针对一种决策及其形成的二次决策进行实证研究。

今天看来，当时我们是做了一些努力，但并没有做深做透、没有善始善终，因而也就没有达到预期的目的。这又是一个半拉子的研究，尽管如此，这一思考仍然在我的记忆中占有一席重要之地。

"代理人行使信息权力过程中的会计问题"和"信息权利的性质与特征"两篇论文是在GHM理论对整个权利集合的"二分法"基础上,透过探讨权利的本质,认为权利来源于信息,并且确立了权利生效的条件,即权利的行动范围和行动能力相互匹配,将整个权利集合划分为契约权利、信息权利和公共领域三个部分,即"三分法"。同时,还进一步分析了信息索取权和信息控制权的特征。

过去我们习惯运用的GHM的"二分法"。由于对剩余索取权与剩余控制权的内涵与外延缺乏清晰的认识,因而无法对企业制度安排作出科学的分析。然而,如果运用契约权利、信息权利与权利的公共领域的"三分法",特别是信息索取权与信息控制权理论,就有更好的条件去深入分析诸如企业所有权安排、组织形式、公司治理、激励和信息披露等重要课题。例如,基于效率最大化原则,我们就可以考虑将企业所有权分配给对企业盈余(组织租金)影响程度较大、信息集合变动较大、较了解企业盈余信息的契约方。同样,在研究公司治理和报酬激励时,如果我们能在契约权利的基础上,进一步考虑到信息权利,共同治理和企业价值共享就有了更坚实的理论基础。此外,权利集合"三分法"理论对委托代理关系和契约关系的动态研究,以及信息披露对各契约方实际权利配置的动态影响也有指导意义。

回到与会计相关的研究,"代理人行使信息权力过程中的会计问题"主要关注：按照契约观，由于会计信息具有经济后果，因此企业的会计行为必然会受到各种会计数据基础的契约的影响。比如，会计数据基础的报酬契约、债务契约等都可能影响企业代理人的会计行为，特别是会计政策选择。因为不同的会计政策会形成不同的会计信息，从而产生不同的经济后果。同样是"经济人"的代理人，出于利益的考虑，通常会针对契约中的有关条款，选择对自己有利的会计政策，从而出现了所谓的会计政策选择、盈余管理，甚至利润操纵或会计舞弊等。如果把上述会计政策选择、盈余管理，甚至利润操纵或会计舞弊等行为理解为一组代理人的会计决策，那么我们就必然会问：代理人进行的会计决策是一种什么性质的决策？它与企业的契约和其他决策有什么关系？会计决策的权力基础在哪儿？会计决策有什么特点？会计决策的性质和特点对企业的会计行为和会计理论研究有什么影响？弄清楚这些问题，不仅有助于人们更深入地理解会计的契约观，发现其中的不足，而且还有助于人们更好地把握会计的信息观，尤其是会计信息系统中经常被人们忽视的"黑箱"问题。

"代理人行使信息权力过程中的会计问题"重点讨论了会计二次决策的特点和影响因素。为什么这个问题很重要？这得回到代理理论。在代理理论中，会计通常与管理层或经理人一起被划入代理人的角色。包括会计在内的代理人既被委托人授权代理企业的经营管理，同时也核算并报告企业的经营管理绩效。会计二次决策恰恰嵌入其中,扮演着特别的、在GHM的"二分法"下不能完全看清的角色。发展权利集合"三分法"理论,动态考察委托代理关系和契约关系,以及核算和信息披露对各契约方实际权利配置的动态影响,这需要我们关注代理人行使信息权力过程中的会计问题,尤其是会计二次决策问题。

除了上述主要目的之外,当时考虑这一研究还有另外两个小的目的:一是当时我们正在考虑修订《会计理论》教材,其中有一章是想专门分析企业会计政策及其经济后果。如何给企业会计政策定性比较纠结,后来我们把企业会计政策定性为经理人的会计行为,更多地属于会计二次决策。二是当时我同时还在以美国世通公司CEO的法庭审理分析为主要案例研究公司高管的会计责任(具体见《公司高管的会计责任——前世通公司CEO法庭审理分析》,中国财政经济出版社,2005年版),也碰到这样的问题:会计既参与了代理人与委托人契约达成的决策(第一次决策),更参与甚至主导了后续的委托代理契约履行考核的决策(第二次决策)。正是因为存在代理人行使信息权力过程中的一系列会计问题处于"黑箱"之中,因委托代理关系中信息权力行使诱发的会计舞弊也触动我开始关注这个问题。

代理人行使信息权力过程中的会计问题[①]

魏明海　黎文靖　唐清泉

一、引言

契约观（contracting perspective）是现代会计理论的一个重要流派。按照契约观，由于会计信息具有经济后果，因此企业的会计行为必然会受到各种会计数据基础的契约的影响。比如，会计数据基础的报酬契约、债务契约等都可能影响企业代理人的会计行为，特别是会计政策选择。因为不同的会计政策会形成不同的会计信息，从而产生不同的经济后果。同样是"经济人"的代理人，出于利益的考虑，通常会针对契约中的有关条款，选择对自己有利的会计政策，从而出现了所谓的会计政策选择、盈余管理，甚至利润操纵或会计舞弊等。

如果把上述会计政策选择、盈余管理，甚至利润操纵或会计舞弊等行为理解为一组代理人的会计决策，那么我们就必然会问：代理人进行的会计决策是一种什么性质的决策？它与企业的契约和其他决策有什么关系？会计决策的权力基础在哪儿？会计决策有什么特点？会计决策的性质和特点对企业的会计行为和会计理论研究有什么影响？

[①] 本文刊登于《当代经济管理》，2006年第1期。

弄清楚这些问题，不仅有助于人们更深入地理解会计的契约观，发现其中的不足，而且还有助于人们更好地把握会计的信息观，尤其是会计信息系统中经常被人们忽视的"黑箱"问题。

本文透过对委托代理关系和契约的研究，在GHM理论的基础上，重新界定了剩余权力的内涵和外延，发现了信息权力的存在并明确了信息权力内涵和基本特征。之后，文章重点讨论了代理人信息权力行使过程中涉及的会计问题。

二、信息权力及其特点

企业契约理论通常被理解为会计契约观的一个重要理论基础。的确，契约签订和执行产生了对会计信息的需要。因为在会计数据基础的契约中都不同程度地要用到会计信息，预期的会计数据构成契约条款的重要组成部分，实际的会计数据更成为契约执行的一个重要要素。但是，影响会计的除了有人们熟知的契约及契约权力外，与此相联系的信息权力更显得特别。信息权力决定着代理人会计决策的性质，也构成会计决策权力的基础。信息权力在现实中无处不在，但在企业的契约理论体系中却没有被充分认识到，更没有应有的地位。信息权力的认定对于人们正确理解代理人会计决策的性质、特点和权力基础是至关重要的。

格罗斯曼和哈特（Grossman & Hart，1986）将整个契约权力集合划分为两种类型：契约特定权力和剩余权力。按照这一思路，哈特和摩尔（Hart & Moore, 1990）、哈特（1995）将剩余权力划分为剩余控制权和剩余索取权。在 GHM 的权力理论框架下，"剩余"被定义为契约明确规定之外的权力集合。这种非此即彼的定义，并没有清晰地刻画出"剩余"权力的具体内涵，从而使"剩余控制权"变成了一个没有大小、没有范围差异、内涵与外延都十分模糊的概念，以至于哈特等人自己也不得不承认"（我们）并不区分合同规定的控制权与剩余控制权，而且在事实上剩余控制权等同于完全控制权"（Hart & Moore, 1999）。因此，"剩余权力"并不是一个界定清楚的概念，它妨碍着人们对契约明确规定之外的权力集合的进一步理解。

解读剩余权力内涵的关键，在于权力源泉的分析。阿格依奥和梯若尔（Aghion & Tirole, 1997）将权力划分为实际权力（real authority）和正式权力（formal authority），具有优先信息的人可能具有有效的权力，即使他不具有法定权力，因为那些具有法定权力的人（委托人）可能会遵从他的建议。而实际权力应该与信息和知识的分布相对称。在这种理论架构下，阿格依奥和梯若尔更进一步认为信息是权力的来源，具有信息优势的个人掌握着实际有效的权力，并且这种权力的范围和空间会受到"正式控制权"（formal control）的约束（Aghion & Tirole, 1997; Tirole, 2001）。因此可以认为信息是控制权的源泉，而源于政府有效保护（或法律）的正式控制权则为源于信息的控制权提供了一个约束范围。

基于"信息（或知识）是权力的主要来源"这一结论，我们就可以进一步分析与某一契约相关的各部分权力集合的形成过程。由于信息决定了行动主体可以采取行动的范围，因此，也决定了行动主体的权力范围。一个契约签订过程，是契约各方凭借自身掌握的信息进行博弈谈判的过程，与之相对应的，也是契约各方的权力的界定过程。以两权分离的企业为例，委托人与代理人在初始谈判过程中契约各方都掌握部分信息，且这些信息是不完备和不对称分布的。受到信息特征的限制，每个契约方都无法掌握一项交易活动的全部信息，因此，谈判是基于不完备和不对称的信息分布进行的。而契约各方所掌握的信息可划分为：（1）共有信息，即各契约方都知道的信息；（2）私人信息，即一方拥有，而其他各方并不清楚的信息；（3）未知信息，与该交易活动相关，但不为任何契约方所掌握的信息。契约谈判实质上是各契约方基于共有信息的讨价还价过程，各方通过契约条款将共有信息形成的权力明确下来，并以法律保护为基础形成契约及契约权力，这是权力的第一次界定。共有信息是契约权力形成的前提，但契约权力一旦被确定，法律效力就成为契约权力的基础。在契约存续期间，即使因信息流动而扩大了共有信息范围，但在法律保护下，契约权力结构并不会变动，除非契约各方再次修订契约。私人信息分别为各契约方提供了一个独立的行动范围，每个契约方在效用最大化原则下采取行动，通过掌握的信息攫取权力，从而增加自身的福利，直到边际行动收益和边际行动成本相等时，行动停止。各契约方之间的行动是相互影响的，是一个博弈过程，当所有契约方行动停止，权力博弈停止，达到均衡。这部分权力由私人信息形成，不妨称之为信息权力，这是权力的第二次界定。在委托代理关系中，代理人由于亲身投入企业日常的生产经营管理，对企业内部私人信息的掌握有许多便利的条件，在权力的第二次界定中因握有这类信息优势而占用较大的信息权力。但即使如此，因交易成本的存在，基于信息的权力界定是不完全的。由于技术等因素的影响，交易活动的未知信息也客观地存在着，从而这部分信息所对应的权力范围不为任何契约方所拥有，形成了权力的公共领域集合。这样，经过两次权力界定过程，与契约相关的权力全集被划分为三部分：契约权力、信息权力[①]和公共领域。GHM理论中的剩余权力集合实际上对应着本文信息权力理论下的信息权力和权力的公共领域两部分，信息权力的边界由私人信息所决定。GHM权力理论和本文的权力理论的对比如图1和图2所示。

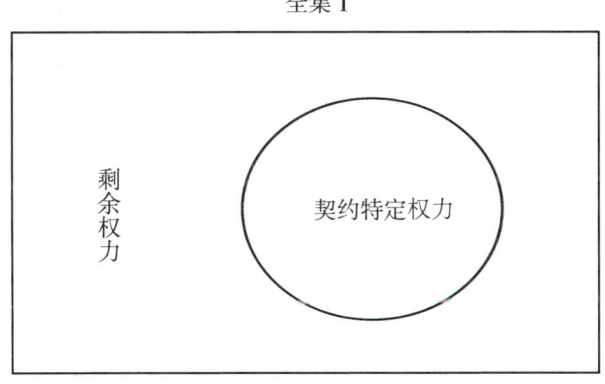

图1　GHM理论下的契约权力集合

[①] 本文的信息权力借用了Aghion, Tirole和Tirole讨论权力的信息源泉时的概念。严格来说，这里所说的信息权力就是私人信息权力。

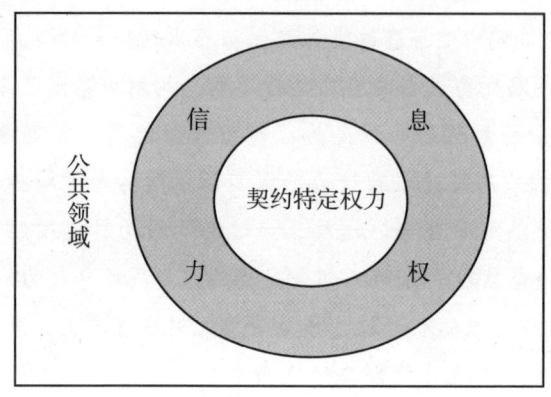

图2 本文权力理论下的契约权力集合

根据上面的论述，契约的形成过程是一种权力界定的过程，契约的不完备性质导致了权力界定的不完全。契约之外的权力再次界定有赖于信息分布状态，但由于信息成本，以信息为基础的二次权力界定也是不完全的，从而形成权力集合中的"公共领域"。需要指出：由于信息具有流动性，技术发展、制度变迁、社会进步等因素都会促使信息流动，改变信息的分布状态。当信息流动发生于私人信息与未知信息之间，契约形式稳定，契约权力固定，权力交换仅发生于信息权力与公共领域之间。当信息流动发生于共有信息、私人信息和未知信息之间，契约权力、信息权力和公共领域之间发生权力交换，从而引起契约的新一轮谈判和重新修订，以及信息权力的变动。

为深化研究，可将信息权力划分为信息索取权和信息控制权。

其中信息索取权与信息租金有关。理论上，信息租金是指在一项交易活动中，交易一方凭借其信息优势而获得的，高于市场平均利润的超额利润。现实中，信息租金普遍存在于各项经济活动中，如外汇市场的套利行为、利用内幕消息在证券市场中获利、厂商利用信息不对称销售质次价高商品牟利等。

在委托代理关系中，由于契约签订之后代理人把持企业，主导企业的会计行为，具有包括会计信息在内的各种信息优势，这种信息优势很可能会给代理人带来信息租金，如利用会计决策操控财务业绩报告，争取延续代理时间或直接从报酬契约中得到更大的利益。信息索取权可以定义为契约方对信息租金的求偿权，所有上述信息租金都是信息索取权的具体表现。

信息控制权是指没有在契约中明确规定的，契约各方因拥有对企业具有关键作用的信息优势而获得的权力。其特征主要包括：（1）信息控制权的权力来源是私人信息（或知识）。信息的掌握程度，决定了某一契约方对特定契约对象的行动能力和控制程度；（2）信息控制权具有可变动性。随着契约各方的主观能动性和制度环境的变化，契约各方所掌握的信息集合也会变化，从而导致契约各方控制的信息权力集合的变化；（3）信息控制权具有可转让性。契约各方的信息不对称，导致信息控制权力及其带来利益的不均衡分布。在利益博弈的推动下，一套维持契约各方之间的信息流转、降低信息不对称的机制出现，信息控制权也随之在契约各方之间流动和平衡，产生权力的交换①。当信息由私人信息转变成为共同信息时，契约将被重新修订，信息控制权力削弱消失，转化为契约控制权力。

三、代理人信息权力的行使与会计

会计的契约观对会计数据在契约中的运用、契约对会计的影响等问题展开了广泛的研究，学术界已对委托人和代理人在契约权力行使过程的会计问题有了较深入的研究。但是，对委托人和代理人在信息权力行使过程的会计问题甚少涉足。由于某一特定契约签订后代理人对企业内部私人信息的掌握有许多便利的条件，在权力的第二次界定中因握有这类信息优势而占用较大的信息权力。因此下面重点讨论在第二次权力界定中代理人信息权力的行使及其与会计的关系问题。

为了凸显代理人信息权力的行使并把信息权力和会计引入契约关系模型中，我们可以将涉及契约关系模型的有关过程列示如下：

1.委托人和代理人根据他们掌握的共有信息签订契约，形成契约

---

① 契约各方信息权力交易有两种方式：自愿交易方式和强制交易方式。例如，在委托代理关系中，委托人与代理人存在信息不对称，代理人拥有更大的信息权力，并可能以此来损害委托人的利益。委托人可以通过建立监督机制来控制信息不对称，也可以让渡部分剩余利益来"赎买"代理人的信息来控制信息不对称。在前一种情况下，建立监督机制需要耗费资源，代理人无法从这些资源耗费中受益，属强制交易方式；而后一种情况，代理人通过转让自己的信息优势，即通过放弃信息控制权来获益，属于自愿交易方式。从社会福利最大化角度考虑，相对于强制交易方式，自愿交易方式是一种帕累托改进。

权力。尽管契约的签订和签约权力的形成只是第一次权力界定，但它可能会影响信息权力的界定和行使，牵涉一系列的相关会计问题。具体地说：

（1）契约中使用的会计数据的角色。契约中使用了会计数据是我们将要讨论代理人信息权力行使与会计关系的前提，而契约中使用会计数据的角色将影响代理人信息权力的行使与会计的关系。按照瓦茨（Watts，1985）的说法，会计是契约中的限制部分，即委托人是基于一定会计数据而同意契约中约定的权力让渡，并相应给予代理人激励的。因此会计数据更多地体现了前提条件和约束的角色。这意味着契约中使用的会计数据是需要在未来加以"对照"和检查的，因此无形中会给代理人某种压力，对其随后的行动产生影响。

（2）相对于委托代理关系的长期性，契约关系的中短期特点对代理人随后信息权力的行使可能产生影响。一个企业只要存在，它就有委托代理关系，并且企业的主要委托人往往也是相对稳定的，但针对某一特定代理人的契约大部分却是短期的，少部分是中期的，很少有长期的。契约的中短期特点与会计分期存在一些相通之处，两者之间的相互配合将为代理人随后利用会计操控信息权力的行使提供机会。

（3）在契约权力的形成过程中，委托人的主动和有利地位可能对代理人随后信息权力的行使产生负面影响。由于企业的委托代理关系是长期的，但针对某一代理人的契约一般是中短期的，因此在第一次权力界定中，委托人通常处于主动和有利的地位。虽然契约权力是基于共同信息形成的，但现实中的很多案例也告诉我们：委托人的所有权法律地位和对企业的长期了解，使得其在与代理人契约权力的形成过程中存在一定的优势和有利的地位。但是，如果这种优势和有利地位超出一定限度，契约的公平性就会受到损害，代理人潜在的报复和补偿心理由此产生，从而对代理人随后的行动产生影响。

2.代理人采取行动。代理人采取行动的权力一是来源于契约权力，即契约赋予代理人的权力；二是信息权力，即由于其掌握私人信息而实际上拥有的权力。由于决策是代理人最主要的行动表现，根据代理人决策的阶段性和功能特点，代理人采取的行动也可以分成两类决策：一类是生产经营决策；另一类是会计与信息披露决策。从时段上理解，生产经营决策是一次决策，会计与信息披露决策是二次决策。考虑到会计与信息披露决策的主体是会计决策，因此我们将会计与信息决策简称为会计二次决策[①]。由于本文的研究重点是代理人信息权力行使与会计的关系，因此会计二次决策也成为我们后面将要重点讨论的问题。对于代理人采取的上述行动，需进一步说明如下：

（1）生产经营决策与契约权力和信息权力的关系。传统上，契

[①] 会计二次决策是与生产经营决策相对应的，尽管它不是一个现成的专业理论术语，但却比较形象具体和方便理解。另外，我们这里的分析主要是以单一阶段（one-period）的委托代理关系为基础的。在多阶段（multi-periods）的委托代理中，每一阶段的委托代理关系中都存在生产经营决策和会计二次决策。

约权力的划分主要涉及控制权和收益权，其中生产经营决策权是控制权重要的具体体现。因此，生产经营决策权的配置主要是以契约权力为基础的。当然，由于经济环境的不断变化和经济交易的复杂性、不确定性，权变也是非常必要的，因此生产经营决策也在一定程度上体现出代理人对信息权力的行使。

（2）会计二次决策与契约权力和信息权力的关系。就某一特定的契约而言，很难发现针对会计二次决策方面权力划分的条款，也就是说，契约本身和契约权力很少对会计二次决策形成约束。之所以会这样，并不是因为会计二次决策对委托代理关系的影响不大，因而在契约条款中可以不加考虑，而是因为：第一，在现代市场经济和两权分离条件下，代理人"天然地"具有了信息权力，会计二次决策也是代理人行使其信息权力的一种最自然的表现。这种权力无需在某一特定契约中加以规定也是成立的，特定契约的存在一般只能对代理人行使信息权力进行某些约束，如报告和信息披露的要求等。第二，会计决策是一个专业共性非常强的领域（与其提供的信息具有"公共产品"的特性有关），无法在任何一个特定的契约中加以具体的规定。委托人一般都是寄希望于会计准则、审计师和公司治理（如审计委员会）来约束代理人的会计二次决策的。这样一来，现实中就表现出：一方面，会计准则、审计师和公司治理在程度不同地约束着代理人的会计二次决策；另一方面，会计二次决策事实上又成为代理人行使其信息权力的重要表现，代理人在信息权力的行使，特别是会计二次决策中具有明显的优势和有利地位。因此，会计二次决策的权力基础并不是契约权力，而是代理人的信息权力。

（3）生产经营决策与会计二次决策的关系。除了契约可以约束的生产经营决策外，代理人的行动为什么还包括契约，甚至连委托人自己都很难约束会计二次决策？要理解这个问题，就必须回到契约本身和生产经营决策的不可观察性上。如前所述，契约一般都利用会计数据作为其限制部分，为什么要利用会计数据？这又与生产经营决策的不可观察性有关。代理人主要根据契约赋予的权力开展生产经营决策时，其目的是为委托人的利益最大化还是为自己的利益最大化，其科学性和有效性如何，很难从决策本身看出来，一般只能根据其结果进行判断。而会计正好是反映生产经营决策最终结果的重要工具，会计系统提供的会计数据能较好地反映生产经营决策的最终结果。会计二次决策是代理人在其生产经营决策基础上而采取的另一项重要行动，这项行动的正面意义是较好地反映生产经营决策的最终成果，向委托人提供有意义的信息，从而使得委托人评价代理人的生产经营行动及其结果成为现实，但其负面影响却源于其二次决策和信息权力行使的特点，因而可能会进一步歪曲事实，误导委托人对代理人生产经营行动及其结果的评价。

3. 契约的兑现、争议及契约的新一轮谈判和重新修订。委托代理双方根据契约规定和代理人对其行动结果的信息披露，兑现契约中规定的应给予代理人的利益。由于会计二次决策，在兑现过程中委托代理双方可能会对契约的兑现产生争议，甚至有可能要求就契约问题进行新一轮的谈判和重新修订，最终改变原有的契约权力和信息权力。具体地说：

（1）信息披露，尤其是因为会计二次决策导致的契约兑现争议会对股票市场和控制权市场产生重要的影响。就股票市场来说，这类争议将减弱委托人对代理人的信任，降低投资者的信心，企业在股票市场上的股价表现、流动性和资本成本都会发生变化。从控制权方面看，这类争议将减弱委托人对代理人的信任，因而可能发生透过并购而更换代理人的情形。

（2）信息披露，尤其是因为会计二次决策导致的契约兑现争议除了在契约关系框架内加以解决外，还可能需要引入其他外部的解决方式。所谓在契约关系框架内解决，主要是指对契约进行新一轮的谈判和重新修订，以减少契约的不完全性问题。由于契约的刚性，新一轮的谈判和重新修订并非易事，不同种类的契约留给契约各方进行谈判的余地是不一样的。此外，建立信息分享机制也是一种重要的方式，委托人更多地分享代理人的私人信息也有助于改善他们之间的矛盾。而所谓其他的外部解决方式主要包括会计准则的修订、审计质量的提高和法律诉讼等。

从上述简要过程可以看到：在某一特定契约签订后，代理人具有信息权力优势。代理人信息权力的行使一是表现在生产经营决策上，二是更有特色地表现在会计二次决策上。在代理人信息权力的行使中，为什么要特别关注会计二次决策呢？主要是因为，会计二次决策与代理人私人信息的形成关系密切。会计本身是一个信息系统，但人们更多地关注已经披露出的会计信息，对未披露的内幕信息关注甚少或无从关注。实际上，任何一种委托代理关系中代理人都掌握着大量的与会计相关的内幕信息，这些与会计相关的内幕信息构成代理人私人信息的主要来源。同时，会计二次决策不仅影响着披露信息与内幕信息的数量，更影响着披露信息的质量。如果披露信息的质量不高，意味着代理人将某些重要信息隐瞒起来，作为其私人信息。综合起来，会计二次决策是代理人行使信息权力中最具特色的一种方式。

四、会计二次决策的特点和影响因素

在委托代理关系中，由于契约权力比较清晰透明，对代理人契约权力行使进行监督相对会容易些。信息权力却很不相同，它隐含、不确定、变数大，要了解和监督代理人信息权力的行使是相当困难的。但正如前面所说，会计二次决策是代理人行使信息权力中最具特色的一种方式，透过分析会计二次决策的特点，将有助于人们真正了解代理人信息权力行使的情况。同样，透过分析会计二次决策的影响因素，就有可能帮助人们找到更好地监督代理人信息权力行使的方法。因此，研究代理人信息权力行使过程中的会计问题有两方面的重大意义：就委托代理和契约理论方面看，代理人信息权力行使之"谜"，完全有可能透过会计二次决策的分析给以解开；从会计理论方面来说，将有助于人们深入地了解更加符合会计"天然的"特性的代理人行使信息权力过程中的会计行为。

根据会计二次决策的权力基础是代理人的信息权力，会计二次决策又是代理人信息权力行使的典型方式，因此会计二次决策也就不可能完全用现有的会计契约观加以概括，而是表现出相当多的新特点。其中最主要的有：

（1）会计二次决策是代理人行使信息权力中最具特色的一种方式，它将更多地体现代理人信息权力的行使，而不是契约权力的行使。契约权力的行使与信息权力的行使存在明显的差别，当我们将会计二次决策主要地定位成信息权力的行使时，其决策依据、动机和具体的方式就会发生变化。例如决策动机，契约观下比较看重针对某一特定契约的激励如报酬动机，当会计二次决策作为一种信息权力行使方式时，其动机就没有那么单一、直接，而是更加综合。又如决策方式，契约观下更关注会计确认计量，但对会计二次决策来说，披露方式的地位更加突出。

（2）会计二次决策是代理人在契约关系中的一种行动。这种行动的性质是会计与信息披露行动。会计二次决策的行为主体是代理人而不是委托人。正确认识会计二次决策是代理人的行动至关重要，只有认识了这一点，才能确定企业的会计行为其实就是代理人（或经理人员）的会计行为。正因为如此，委托人对会计二次决策及代理人信息权力行使的监督除了不断完善的契约外，还有赖于会计准则、审计师和法律诉讼等。

（3）会计二次决策既可能是对生产经营决策结果的客观反映，也可能是对生产经营决策结果的歪曲。尽管会计二次决策的主要内容仍然是会计确认计量和信息披露选择，其表现形式包括会计政策选择、盈余管理，甚至利润操纵或会计舞弊等行为，但理论上说，它更应被看作是代理人的一项相对独立于生产经营决策的行为。

（4）由于会计二次决策与信息直接相关，因此代理人的这一行动既可能会改善委托代理关系中的信息不对称，也可能会进一步巩固甚至扩大代理人的信息优势。会计二次决策对信息流转的影响也是两面性的。

会计二次决策作为代理人一种相对独立的行动，其动机、具体的行为表现和影响都非常复杂。代理人的会计二次决策行为除了受到会计准则、审计师、公司治理和股票市场效率等因素的影响外[①]，仅就前述的契约关系模型看，影响会计二次决策的因素主要有：

（1）契约中会计数据的角色及契约利用会计数据的方式和程度。在契约中，会计数据的角色更多地是约束性的。契约利用会计数据对代理人的行为进行约束（和激励）的好处是可行、简单、明了，问题是会计数据并非客观存在，而是与代理人的另一类行为即会计二次决策密切相关的。因此，契约中会计数据无论纯粹是一种约束性的角色还是约束中带有鼓励性的角色，约束完全无论是刚性的还是刚中带柔，都会对代理人的会计二次决策产生影响。此外，契约利用会计数据的方式也会影响代理人的会计二次决策。例如，有的

---

① 会计准则、审计师、公司治理和股票市场效率等对代理人的会计二次决策行为有着重要的影响，但由于本文重点是讨论契约关系模型中代理人信息权为行使与会计问题，因而没有展开。

契约规定净资产收益率在6%以下怎样，在6%或以上又怎样，这种划线式的利用方式就可能对会计二次决策形成负面影响。另外，会计二次决策对契约中会计数据的敏感性可能与契约利用会计数据的程度有关。有些契约大量使用会计数据，这时会计二次决策对契约中的会计数据就可能更加敏感。因此无论是研究会计政策选择还是盈余管理，不能孤立地只看契约中使用的会计数据，还须深入分析契约中会计数据的角色及契约利用会计数据的方式和程度。

（2）契约关系的期限及其不确定性。如果某一特定代理人的契约关系是足够长的，甚至是与企业的委托代理关系在时间上是一致的，这时代理人的会计二次决策会简化很多。因为在这样的条件下，代理人无须担心和斤斤计较每一年（期）报告的会计数据和业绩。但如前所述，针对某一特定代理人的契约大部分是短期的，少部分是中期的，很少有长期的。契约的中短期特点不仅鼓励也为代理人随后利用会计操控信息权力的行使提供了机会。这时，代理人的会计二次决策也变得复杂起来。契约关系的期限越短或越不确定，会计二次决策也将变得越捉摸不定。其中，契约关系期限的不确定性在我国国有控股的企业中因目前的干部任免方式而表现得尤为明显。因此，在思考会计二次决策时应当联系契约关系期限及其不确定性因素。

（3）契约形成过程中委托人与代理人实际地位的差别。前面谈到，委托人在与代理人契约权力的形成过程中存在一定的优势，具有有利的地位。如果这种优势和有利地位超出一定的限度，契约的公平性就会受到损害，从而埋下隐患，具体来说，代理人随后行使信息权力时可能存在报复心理，利用会计二次决策进行补偿的动机也相应地增强。此外，与此相关的代理人选择机制、契约的谈判和契约内容的确定方式也可能对代理人随后的会计二次决策产生影响。例如在我国国有控股企业中，代理人选择机制、契约的谈判和契约内容的确定方式比较特别。我们在做会计研究时，常常发现即使国有控股企业的契约条款与国外的公司相同，但代理人的会计二次决策仍有可能表现出不同的特征。这时，我们可能很难从契约条款本身去解释，但从代理人选择机制、契约的谈判和契约内容的确定方式中却能够找到比较有效的解释变量。

（4）契约关系中的信息分享机制。许多契约都对企业未来的信息，尤其是会计信息在委托人与代理人之间的分享做出一些规定，例如定期或不定期的报告、报告的主要项目和指标、报告的基本要求等，又如有些研究甚至提出在委托人与代理人之间形成信息共享，所有上述信息分享机制都可能削弱代理人的私人信息优势，改善信息不对称状况，从而对会计二次决策产生影响。换句话说，如果契约关系中的信息分享机制越完善，即透明度越高，会计二次决策中代理人的主观意愿越少。令人遗憾的是，契约关系中的信息分享机制迄今为止仍然是一个没有得到很好解决的问题。因此在研究会计政策和盈余管理等涉及会计二次决策的种种问题时，需要细心地分析和辨别信息分享机制及其影响。

（5）生产经营决策及其结果本身。代理人的会计二次决策还将受到生产经营的特点、生产经营决策及其结果的影响。尽管本文前面强调过生产经营决策与会计二次决策是两个相对独立的行动，但由于行动的主体都是代理人，且后面的决策是针对前一决策结果进行的，因而必然要受到前一决策及其结果的影响。一般来说，生产经营决策越科学和有效，代理人利用会计二次决策调节会计数据和隐瞒信息的可能性会越小；反之，可能性就越大。例如许多"恶性增资"①的案例表明（周其武，2001）：前面的投资决策失误，将导致随后的会计隐瞒，进而达到对该项目追加投资的目的。

（6）契约兑现争议的解决方式。代理人是理性的，应能预期到未来，并在会计二次决策中提前做出反应。也就是说，会计二次决策不仅是向EX看的，也应是向POST看的，前面我们列出了一些契约兑现争议的解决方式，如重新谈判、法律诉讼和控制权转移等。由于契约兑现争议的解决方式在契约中有所描述，或者代理人对契约兑现争议的解决方式存在一定的预期，这种描述和预期也会对会计二次决策产生一定的影响。如果一项契约是百分之百刚性的、只有一期的、一点重新谈判的余地都没有，也根本不可能续约，不仅生产经营决策会有短期行为，会计二次决策同样会有短期行为；在契约关系中，如果法律诉讼和控制权转移的压力很小，代理人的会计二次决策又可能肆无忌惮。在我国，后一种情况比较普遍，应是我们关注的一个重点。

---

① "恶性增资"现象是指对于失败的项目，决策者倾向于分配更多的资源来增加投入，而不是放弃。"恶性增资"可能发生在多种管理决策中，企业的投资可能有这种现象，银行的贷款也可能有这种现象。

最后需要指出：我们在讨论代理人信息权力行使过程的会计问题时，尽管是以企业最典型的委托代理即所有者与经营者之间的委托代理为背景展开的，但前面的讨论结果同样适合于其他的委托代理和契约关系，如债权人（银行）与债务人（企业）、政府与企业之间的委托代理和契约关系，因而具有普遍的意义。

主要参考文献

[1] Aghion, P., Bolton, P..An Incomplete Contracts Approach to Financial Contracting [J]. Review of Economic Studies, 1992 (59): 473-494.

[2] Aghion, P., Tirole, J..Formal and Real Authority in Organizations [J]. J.Political Economy, 1997, 105 (1): 1-29.

[3] Rajan, R., Zingales, L..1998, The Firm as a Dedicated Hierarchy, University of Chicago Working Paper, published in Q.J.of Economics, 2001.

[4] Tirole, J..Corporate Governance, mimeo [J]. Econometrica, 2001, 69 (1):1-35.

[5] Grossman S., Hart O..An analysis of principal-agent problem [J]. Econometrica, 1983 (51): 7-45.

[6] Hart O., J.Moore.Incomplete contracts and renegotiation [J]. Econometrica, 1988 (56): 755-785.

[7] Fudenberg, D., and D., Holmstrom, and P., Milgrom.Short-term contracts and long-term agency relationships [J]. Journal of Economic Theory, 1990 (52): 194-206.

[8] Fudenberg, D, and J.Tirole.Moral hazard and renegotiation in agency contracts [J]. Econometrica, 1990: 1279-1320.

[9] Patrick Rey and Bern and Salane.On the value of commitment with asymmetric information [J]. Econometrica, 1996 (64): 1395-1411.

[10] Peter Ove Christensen, Joel S Demski, Hans Frimor.Accounting policies in agencies with moral hazard and renegotiation [J]. Journal of Accounting

Research, 2002, 40 (4): 1071-1090.

[11] Joel S Demski, Hans Frimor.Performance measure garbling under renegotiation in multi- period agencies [J]. Journal of Accounting Research, 1999 (37): 187-215.

[12] Andrew Tzelung Yim.Renegotiation and Relative Performance Evaluation: Why an Informative Signal May Be Useless [J]. Review of Accounting Studies, 2001, 6 (1): 7-108.

[13] Hermalin, B., and D.Katz.Moral hazard and verifiability: The effects of renegociation in agency [J]. Econometrica, 1991, Nov., 1735-1754.

[14] Indjejikian, R., and D.Nanda.Dynamic incentives and responsibility accounting [J]. Journal of Accounting and Economics, 1999 (4): 177-201.

[15] Demski, J., and H.Primor.Performance measures garbling under renegotiation in multi- period agencies [J]. Journal of Accounting Research, Supplement, 1999: 187-214.

[16] 哈特著，费方域译. 企业、合同与财务结构 [M]. 上海三联书店、上海人民出版社, 1998.

[17] 施瓦茨. 法律契约理论与不完全契约 [A]. 沃因，韦坎德著，李风圣译. 契约经济学 [M]. 经济科学出版社, 1999.

[18] Hart and Moore. 产权与企业的性质 [M]. 陈郁. 企业制度与市场组织—交易费用经济学文选 [C]. 上海三联书店，上海人民出版社, 1996.

[19] Rajan and Zingales. 新型企业的治理 [M]. 载于"公司治理前沿"，中国财政经济出版社, 2003.

[20] 谢德仁. 企业剩余索取权：分享安排与剩余计量 [M]. 上海三联书店、上海人民

出版社，2001.

[21] 张维迎.企业的企业家—契约理论［M］.上海三联书店、上海人民出版社，1995.

[22] 杨其静.合同与企业理论前沿综述［J］.经济研究，2002（1）：80-88.

八、"从股权结构到股东关系"及其回忆

"从股权结构到股东关系"这篇论文的写作,是多年从事会计与公司财务研究后必然会碰到,也须进一步思考的问题。股权结构是影响公司治理、企业发展、会计与财务问题的基础性因素。在我们研究会计、公司财务和公司治理等问题时,常常试图从企业的股权结构特征中找到解释和答案,对股权结构特征的认识和理解,深刻地影响着我们的会计、公司财务和公司治理的研究。如果我们对中国企业股权结构的形成及其基本特征认识不到位,甚至理解有明显的偏差,在解释会计、公司财务和公司治理时也必然会产生偏差甚至错误。

这篇论文是我2010年承担国家自然科学基金(NSFC)面上项目"股东关系的形成与股权交易中股东合谋研究"中形成的第一项学术成果。根据当时的设想,这个项目主要要研究以下问题:(1)透过对股东关系动态演变的深入刻画与系统描述,分析股东关系形成的基础与路径,探讨股东的行为"基因";(2)通过理论分析和

模型推理，研究股东关系具体转化为股东制衡或股东合谋的机理；（3）以IPO、定向增发、"大小非"减持、IPO和增发限售股减持等股权交易作为特定的研究对象，实证检验股权交易中的股东合谋行为及其经济后果，创新和发展能有效解释股东合谋的理论。（4）在此基础上，提出有助于防范股东合谋的股权交易和信息披露监管的相关政策建议。其中最关键的问题就是：如何在现有的股权结构理论中更多地嵌入股东及其之间关系的因素考虑，即关系基础的股权结构理论。

为什么会做这一问题的研究，当时的主要情形和考虑有：

（1）在正式构思这个项目之前，蔡宁以博士后的身份在我的指导下从事"大小非"减持与股东合谋的研究。事实上，早在2007年，我与蔡宁就关注到股权分置改革后的"大小非"减持与相关的会计与财务问题，当时我们撰写过一篇题为"'大小非'减持中的盈余管理"的文章[1]。在撰写这篇论文时，我们特别留意了2008年5月福建省证监局对冠福家用（002102）发出的限期整改通知，由此开始关注到关系股东在"大小非"减持前后对公司盈余管理的影响。在此基础上，我们还进一步关注到股东关系与股东合谋之间的关系。2009年又与蔡宁完成了"股东关系与大小非减持中的股东合谋"[2]

---

[1] 本文刊登于《审计研究》，2009年第3期。
[2] 本文后以"股东关系、合谋与大股东利益输送——基于解禁股份交易的研究"为题刊登于《经济评论》，2011年第9期。

的论文稿,提出:股东关系是股东之间通过多种形式的契约建立起来的特定性质的联系,是内在于公司股东之间的关系网络。

(2) 关于如何认识和刻画股东关系,我们也经历了一个从简单、凭直觉到比较全面科学的过程。大约在2009年时,我们只考虑到关联股东、一致行动人、企业股份制改革时的发起人身份和股权性质。在"股东关系的形成与股权交易中股东合谋研究"的项目设计时,提出要深入研究股东关系形成的基础理论和制度因素、股东关系动态演变的分析以及股东关系的度量方法。最后,在我与程敏英、郑国坚在进一步研究的基础上,提出股东关系类型包括显性股东关系和隐性股东关系。同时,也形成了比较全面科学地刻画股东关系的指标体系。其中,可直接刻画的股东关系类型(显性股东关系)有关联关系与一致行动人;可间接推断的股东关系类型(隐性股东关系)有:创始人股东、地区关联股东、行政同源股东、行业关联股东、商业合作股东、承销保荐股东等。

(3) 关于股东关系的形成,我们重点结合中国转型经济特定的制度背景和文化因素,分别对三类不同特性的企业做了分析。对于不同类型的公司,股东构成有其相应特征,股东关系会表现出相应的形式。其中,第一类:国有企业中的股东关系,主要表现为控股股东和其他法人股东之间的产权同源关系、商业伙伴关系和行政同源关系。产权同源关系是指控股股东与关系股东属同一控制人控制,或者他们之间存在单向持股或交叉持股。商业伙伴关系是指控股股东与关系股东之间是购销双方或其他服务合作伙伴。行政同源关系是指控股股东与关系股东属同一政府或其他行政机构所管辖。第二类：家族企业的股东关系主要是基于亲缘和地缘形成的。亲缘关系包括血缘关系和姻缘关系。在家族企业中具体表现为，私营资本在创业和原始积累过程中，以血缘和姻亲关系为基本纽带联结成为统一的创业积累主体，家庭成员以至于家族成员共同成为企业资本的所有者，成员在企业资本中的权利位置除取决于各自对企业的作用、贡献外，往往同时还受其在家族中的地位的影响，受其与企业核心人物的亲缘关系的远近的影响。地缘关系是因居住地邻近而发生的关系，表现为私营资本"离土不离乡"或"离乡不离地"的创业特征。这种地缘性的社会网络主要体现为两种关系：一种是朋友熟人间的社会关系；另一种是企业与地方政府之间的政商关系。第三类：创业企业基于创业情感的股东关系。

（4）为什么要将股权结构的研究拓展到股东关系的研究？透过一系列文献的总结，我们发现：原有主流文献对股权结构特征刻画是基于产权关系的垂直架构的。该架构勾勒出公司与股东、股东与其上级股东之间的投资关系，视觉方向是单一垂直向上延伸的，像一棵倒放的树权，而不是一个网络。无论看股东的类型与持股比例，还是最终控制人的类型、控制方式与控制程度，刻画的都是公司与股东之间通过正式契约订立的产权关系，并用这种产权关系的差异代表各种主体的产权地位。我们认为，对股权结构的认识可以从倒树权型的产权框架，发展为一个动态的、更为立体的、同时以产权和其他各种关系编织起来的股东网络。与此同时，原有的股权结构的刻画指标体系是根据信息或产权地位的两分法开展的。在第一类代理问题的研究框架下，通常划分管理层或任管理层职位的股东（内部人）与不任管理层职位的股东（外部人）；在第二类代理问题的研究框架下，通常划分控股股东（内部人）与中小股东（外部人）。关于上述局限，我们一直在给自己提问：有没有三分法？有没有嵌入利益相关者的委托代理模型？有没有更全面考虑股东权力配置后的委托代理理论？如果考虑内部人与外部人之间的隐形契约和非产权关系，两类代理问题研究框架下的内部人（包括管理层和控股股东）与外部人，都不能以原有文献的方法来进行划分和研究，而需要对他们的身份及其之间关系进行考察之后，应给予更细致的归类。也就是说，"关系基础"的股权结构分析方法更客观、深刻和科学。

"从股权结构到股东关系"是我与程敏英、郑国坚一起合作而对股权结构基本理论所做的一些探索。这一探索对我们后续的多篇论文写作、甚至2012年开始的另一项国家自然科学基金（NSFC）面上项目"关联股东的治理角色研究"的研究都起到了指导和支撑作用。

从股权结构到股东关系[①]

魏明海　程敏英　郑国坚

一、引言

股权结构是近80年来备受关注的话题，国内外学者对其成因和影响开展了广泛的研究。其中，对股权结构定性或定量的测度是所有研究开展的基础。然而，现有文献大多仅从产权的角度，在垂直方向上以股东或最终控制人的类型、持股方式和股权比例对股权结构进行刻画，存在明显的局限性。

本研究从横向网络以及股东之间多种形式的契约出发，考察股东关系对公司产权分布体系的影响。我们认为，仅关注股东与公司之间的产权关系可能会对公司股权结构和代理问题产生误判。股东关系严重左右股东之间的利益构成和势力格局，对正确划分企业内部人和外部人、分析公司的代理冲突和治理机制、保护投资者的利益等有重要影响。股东关系通过显性和隐性等多种形式的契约确立，有产权、亲缘、地缘、战略投资、承销保荐等多种表现，广泛存在于国有企业和家族企业中，并在部分文献和法规中有所体现。在股东关系的框架下，我们重新认识了公司股东的产权、利益和势

[①] 本文刊登于《会计研究》，2011年第1期。

力结构,并用一套指标体系对股东关系进行了刻画。这将有助于深化和拓展股权结构、公司治理与投资者保护的研究。

二、围绕股权结构开展的学术研究

自1932年伯利和米恩斯(Berle & Means)的《现代公司与私有产权》问世以来,大量文献围绕股权结构对股东、经理人员和公司行为的影响开展理论分析与实证研究。这些文献从内容上大致可归纳为以下四个方面:

(1)描述现代公司股权结构的特征,包括一国研究(Prowse, 1992; Chernykh, 2008)和跨国比较研究(La Porta et al., 1999; La Porta et al., 2002; Claessens et al., 2000; Faccio & Lang, 2002)。

(2)分析股权结构的形成原因和决定因素,包括公司特征(Demsetz & Lehn, 1985)、外界环境(Himmelberg et al., 1999; Desai et al., 2004; Boubakri et al., 2005; Chernykh, 2008)以及股东根据自身偏好而进行的股权结构设计与选择(Booth & Chua, 1996; Brennan & Franks, 1997; Kathare, 1997; Dahlquist & Robertsson, 2001)。

(3)考察公司股权结构的影响,包括对经理行为的影响,如建造"个人帝国"(Jensen & Meckling, 1976; Jensen, 1986; Stulz,

1990；Denis et al.，1997a）、操纵信息（Koch，1981；Niehaus，1989；Warfield et al.，1995）、堑壕防御（Jensen & Ruback，1983；Denis et al.，1997b）等；对股东行为的影响，如隧道挖掘（Johnson et al.，2000）、下派内部人（Volpin，2002）、低效投资（Sapienza，2004）、掩盖信息（Fan & Wong，2002；Anderson et al.，2009）、获取控制权收益（Dyck & Zingales，2004）等；对公司治理机制的影响，如股东投票（Gordon & Pound，1993）、董事会结构（Denis & Sarin，1999）、董事会的监督能力（Mak & Li，2001）等；以及对公司绩效和价值的影响（La Porta et al.，2002；Claessens et al.，2002）。

（4）分析其他因素对股权结构作用的影响，如公司成长性、公开性或行业特征（McConnell & Servaes，1995；Joh，2003；Warfield et al.，1995）、公司治理机制（Villalonga & Amit，2006），以及外部市场环境与法律环境（Shlifer & Vishny，1986；Lins，2003；Haw et al.，2004）等。

从研究设计的角度看，描述性统计、单因素分析和构建回归模型进行多因素分析仍是主要的实证研究技术。在研究股权结构与其他因素之间的关系时，通常需要先回答股权是外生的还是内生的这样一个作为假设基础的问题，或者通过两阶段回归（Cho，1998）、特定样本（Core & Larcker，2002）、事件研究（Lemmon & Lins，2003）、双重差分（Fahlenbranch & Stulz，2009）等方法解决可能存在的股权内生问题。但无论研究何类实证话题，或者采用何种研究设计，都离不开一个重要前提，即对股权结构特征的描述和刻画。

三、已有文献对股权结构的认识与刻画

人们对股权结构特征的认识大致可划分为两个阶段：第一阶段以伯利和米恩斯（1932）为起点和基础，主要研究股权高度分散公司存在的第一类代理冲突；第二阶段以拉波塔、洛配兹、施莱弗和维什尼（LLSV, 1999）的研究为分界点，侧重研究股权相对集中公司存在的第二类代理问题。

（一）以股权高度分散为基础的股权结构刻画方式与研究路线

在"分散持股的现代企业"框架下，大部分文献关注公司所有者与经营者分离而导致的代理问题。研究主要从两个维度刻画公司的股权结构：一是股权集中度，用以回答公司是否存在控股股东和公司控制人（控股股东或管理层）控制力的大小；二是公司控制人与其他股东的类型，用以替代股东的目标和所拥有的信息及能力。上述两个维度是相互关联的，因为各方股东的持股比例和类别特征，会同时决定其参与公司治理的动机和能力，从而构成公司内部人和外部人的格局划分和势力对比。传统的文献大都以某一特定的持股水平为标准，识别公司的股权属于集中型还是分散型，从而把企业区分为所有者控制或经营者控制；然后按照控制人的类型分析其动机、效率和获取资源的能力，并用股权集中度指标衡量其达成目标的能力大小；有的还进一步考察其他股东的类型和持股对控制人行为、公司治理决策，以及企业价值和业绩等因素的影响（Cubbin &

Leech，1983；Jensen & Warner，1988）。

虽然在少数文献中发现各国公司的股权存在一定程度的集中以后（Demsetz & Lehn，1985），一些研究开始关注大股东的身份和作用（Shleifer & Vishny，1986；Grossman & Hart，1988），但对公司股权的刻画，依旧围绕股权集中度和股东类型两方面的特征来开展。这些指标除了在刻画的角度上比较单一外，另一明显特征是，他们都是对公司第一层次的股权结构特征，也即对直接持股人的特征和持股状况进行描述，刻画出来的是一个横向的、水平的、单一层次的股权结构。

（二）以股权相对集中为基础的股权结构刻画方式与研究路线

拉波塔等（La Porta et al.，1999）、克莱森斯等（Claessens et al.，2000）、法乔和朗（Faccio & Lang，2002）在分别考察了27国、东亚9国和西欧13国上市公司的股权结构后指出：分散的股权结构仅在投资者保护比较好的少数几个国家较为普遍（如美国、加拿大和英国等），大多数国家的大型公司都有控股股东，并且这些股东对公司治理有重要影响。他们将股权集中情况下的焦点从控股股东转向终极控制人（Ultimate Owners），认识到现代公司的股权并非完全分散的，也不是完全集中的，而是由最终控制人以公司的部分所有权实现对公司的完全控制。最终控制人对公司投票权与现金流权的分离，是普遍存在于现代企业中的所有权与控制权分离的另一种形式。

这样，大量文献开始关注相对集中股权下大股东与中小股东之间的代理冲突，并主要从三个维度对相对集中的股权结构进行刻画：一是最终控制人的类型；二是最终控制人对公司实现控制的方式、链条或网络；三是最终控制人持有的投票权、现金流权和它们之间的分离程度。研究思路也在第一类代理问题的基础上有所拓展：以最终控制人的类型取代控股股东的类型，以讨论其目标、能力与信息范围；以最终控制人的投票权取代控股股东的持股比例，作为公司控制人实际控制力的衡量；以最终控制人的控制方式和两权分离的程度，表示最终控制人侵占中小股东利益的方式和能力；最后，从控制人的类型、控制方式、控制力和两权分离的程度对其行为的影响进行理论分析或实证检验，再进一步考察其他股东的类型和持股比例对控制人行为及其结果的影响。

迄今为止，围绕股权结构所开展的经验研究说明人们对公司股权的认识已从水平方向发展到垂直方向，从单一层次的股权分布拓展成了一个立体的架构。表1总结了主流文献对股权结构进行刻画的主要方式。

表1　　　　　已有主流文献对股权结构的刻画方式

A.股东类型	
按产权性质	个人或家族；政府；共同基金；金融公司；保险公司；养老基金；外国投资者
按信息优势	管理层（董事、高管）股东；普通职员股东；（当地）机构投资者
按持股数量	控股股东；大宗股份持有者；前N大股东

续表

A.股东类型	
按持股时间	IPO前/IPO时/IPO后N年存在的股东
按股东身份	创业股东；家族继承股东；客户股东；当地股东；风险投资者；战略投资者
按股东关系	关联企业；一致行动人
按交易方向	买涨股东
按流动性	流通股股东
按投资风格	激进型；成长型；价值型；股利型；乐观型；高/中/低换手率型（机构投资者）
B.股权集中度/制衡度	
虚拟变量	控股股东是否存在；是否一股独大；是否存在除控股股东以外的大宗股份持有者；股权集中/中度集中/分散（据第一大股东持股比例划分）
持股比例	某类型股东的持股比例/平均持股比例/某区间的持股比例/持股比例变动
相对持股比例	前N大股东与其他股东的持股之比；高管持股市值与年薪之比
赫芬达指数	前N大股东持股比例的平方和
股东数目	股东总数；非管理层股东数目
C.最终控制人类型	
个人或家族；国家；地方政府；联邦政府；股权分散的金融企业；股权分散的非金融企业	
D.最终控制人实现控制的方式	
直接控股；交叉持股；金字塔控制链；单类股票；双重股票；委派高管；联营；特许经营	

续表

E.最终控制人的控制力	
现金流权	管理层/控股股东/大宗股份持有者的现金流权
投票权	管理层/控股股东/大宗股份持有者的投票权
投票权–现金流权杠杆	管理层/控股股东/大宗股份持有者的投票权与现金流权之比
投票权–现金流权分离度	管理层/控股股东/大宗股份持有者的投票权与现金流权之差
话语权–所有权杠杆	占董事会席位比例与持股比例之比

（三）已有主流文献对股权结构特征刻画：小结与思考

现有文献从考察公司直接股东之间的相对权力，发展到以终极产权的视角鸟瞰公司的整个股权结构，这种演变启发了我们对股权结构刻画方式的新的关注和思考。

1.现有刻画方式的特点：基于产权关系的垂直架构

股权结构的现有刻画方式有两个明显的特征：一是该架构勾勒出公司与股东、股东与其上级股东之间的投资关系，视觉方向是单一垂直向上延伸的，像一棵倒放的树权，而不是一个网络。二是这些指标刻画的都是公司与股东之间通过正式契约订立的产权关系，并用这种产权关系的差异代表各种主体的产权地位，而忽略了股东之间其他形式的契约关系，以及这些关系对其地位的影响。概而言之，现有文献对股权结构的理解都是从法律的、正式契约的角度出发，看到的是垂直方向上的产权关系。

但在新兴经济体中，市场化程度较低、法律体系尚不健全，出于风险、交易频率和交易可持续性等因素考虑，公司与股东、股东与股东之间可能还需要除正式契约以外的各种各样的隐形契约或关系型合同来达成共同投资、共担风险的交易（Williamson，1979）。而且，即使不考虑国家体制和资本市场的成熟度，由于新进老退、血缘姻亲、创业守业等企业运作和社会网络的客观存在，无论是在发达国家还是新兴市场中，公司与股东、股东与股东之间也可能存在着除产权关系以外的千丝万缕的其他关系。如果这种由非法律、非正式的契约确立下来的关系确实存在，那么，现有文献对股权结构的描述和刻画就是有限的。我们对股权结构的认识可以从倒树权型的产权框架，发展为一个动态的、更为立体的、同时以产权和其他各种关系编织起来的股东网络。

2. 现有的刻画指标体系：基于信息地位或产权地位的两分法

从现有指标的分类体系看，它们是围绕第一类代理问题和第二类代理问题的研究需要来划分利益冲突双方，并对其特征进行刻画的。在第一类代理问题的研究框架下，通常划分管理层或任管理层职位的股东（内部人）与不任管理层职位的股东（外部人）。在第二类代理问题的研究框架下，通常划分控股股东（内部人）与中小股东（外部人）。但如果内部人与其他股东之间存在着远近亲疏的关系差别，那么公司控制人与其他投资者之间的权力对比和制约关系，就不能用职位或产权来概括，以现有刻画指标来研究两类代理冲突及其治理机制可能会有失偏颇。

例如在第一类代理问题的研究框架下，股东持股越多，越有动机对管理层进行监督；管理层持股越多，他们与股东的利益越一致。因而在管理层持股较少、其他股东持股较多的水平上，管理层持股的增加能发挥激励效应。当管理层持股比例不断增加并到达一定程度时，外部人对其进行监督的难度增大，管理层以其他投资者的利益为代价谋求个人利益的动机和能力倍增，从而产生堑壕效应（Morck et al., 1988; Stulz, 1990）。但是，如果外部股东和管理层之间有较密切的关系，外部股东对管理层的监督可能会失效，甚至两者合谋（Collision），因而管理层可在较低的持股水平下实现堑壕防御。更明确地说，因未在公司任职而被以往文献定义为外部人的公司股东，有可能因为与管理层之间的关系而应被视为内部人。

在第二类代理问题的框架下，当法律体系对投资者的保护较弱、所有权与控制权的分离程度较高时，公司控股股东或实际控制人可能以各种方式侵占中小股东的利益（Johnson et al., 2000），获得控制权收益（Dyck & Zingales, 2004），毁损公司价值（Shleifer & Wolfenzon, 2002）。如果不考虑股东关系，其他大股东（Blockholders）的存在能对控股股东形成制衡（Faccio et al., 2001; Volpin, 2002）。但如果其他大股东与控股股东之间存在非正式契约或密切的关系，那么这种牵制作用便可能消失，控股股东的掠夺行径不能被监督和遏制。关系股东之间甚至可能形成联盟，一同侵害其他小股东的利益。

根据以上分析，如果考虑内部人与外部人之间的隐形契约和非产权关系，两类代理问题研究框架下的内部人（包括管理层和控股股东）与外部人，都不能以现有文献的方法来进行划分和研究，而需要对他们的身份及其之间关系进行考察之后，再给予细致的归类。考虑股东之间的关系后，在所谓的外部人一方，可能存在与内部人关系密切的股东，他们与内部人之间并不存在利益冲突或和信息劣势，反而极有可能是利益共同体和信息分享者；他们并不会进行监督，制衡力量失效，甚至会倒戈相向，与强势股东一同侵占其他弱势股东的利益。这样，所谓的外部人股东并不应该视为一个整体，而可进一步划分为内部人股东的关系股东和非关系股东。由此，原来的两分法需重新划分，甚至发展为更为细致和科学的三分法。如果对股东之间的划分发生改变，一些已有文献的研究方法便值得怀疑，结论可能会被改写。

图1展示了不考虑股东关系和考虑股东关系两种情形下，以势力大小和利益一致性为依据划分的股东阵型。

四、股东关系的存在、表现和影响：一些文献支持和相关法规

虽然迄今为止未见文献直接提出股东关系的概念并对其进行系统研究，但在公司治理相关的文献中，已关注到股东关系的存在，并对其存在的原因和影响进行理论推导。如本内森和沃尔芬森（Bennedsen & Wolfenzon, 2000）以不存在股权转售的市场为背景研究股权集中的公

司,认为公司创立者能通过引入几个大股东,强迫他们形成联盟以获得控制权。在实证研究方面,个别文献关注到特定的股东关系并对其原因和影响进行分析。费等(Fee et al., 2006)考察了1万多组客户-供应商关系以及客户是否持有供应商的股权,发现虽然很多关系的持股规模有限,但伴有持股关系的客户—供应商关系能持续更长久,股权有助于绑定商业伙伴关系。

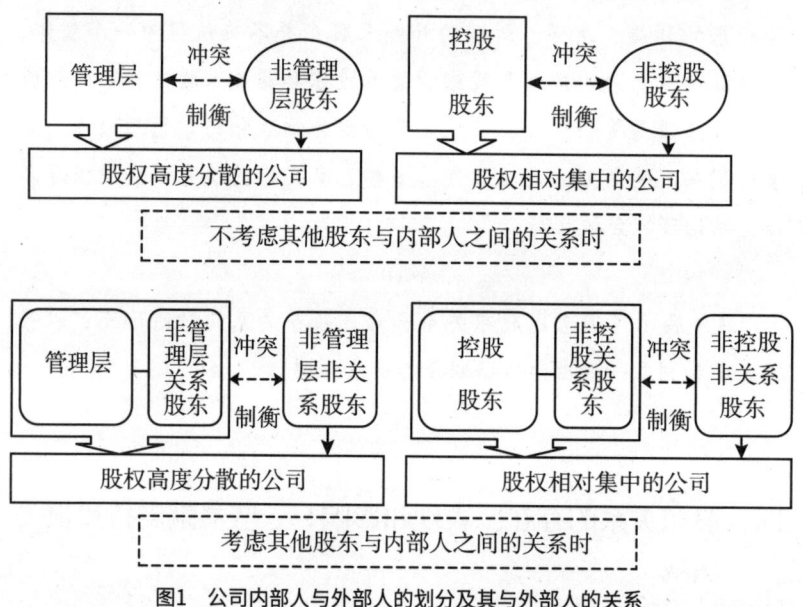

图1 公司内部人与外部人的划分及其与外部人的关系

除了大样本检验以外,一些案例研究也涉及关系股东和股东联盟的存在和影响。崔宏、夏冬林(2006)关注到兴业房产(600603)的两个有趣现象:一是虽然股权全流通且非常分散,但公司上市以来几乎无人问津。二是虽然第一大股东也几易其手,但公司的董事会与经理层却是坚如磐石。主要原因是，公司发起之时股权都是国有性质，且多数股东是城建与房地产行业企业，属于同一级同一部门主管之下；虽然各股东持股比例较小，但初步形成了一个由国有股东和国有控股公司联袂长期持股的松散股权联盟，使可能的收购行为望而却步。

此外，一些文献中得到的检验结果也可能需要通过股东关系来解释。如梁杰等（2004）用第二到第十大股东的持股比例之和与第一大股东的持股比例相除，以反映其他大股东对第一大股东权力的牵制力量，但发现股权制衡度与财务报告舞弊显著正相关，与预期假设相违背。作者在文中结论讨论到，可能的原因是我国许多上市公司的第一大股东都与其他前几位大股东有或多或少的关联关系，这样就无法形成真正意义上的制衡关系，但他们所定义的股权制衡度却无法反映这些"灰色信息"，致使研究出现了偏差。

另外一些文献对股东关系的关注主要体现在研究变量的设计上。如吉兰和斯塔克斯（Gillan & Starks, 2000）发现股东发起人身份的差异会使股东提案的结果有系统性差异，机构投资者或其联盟比个人发起人得到更多的支持，股票市场反应因提案问题和发起人身份的不同而有所差异。白等（Baek et al., 2004）在研究1997年韩国金融危机对不同股权结构特征的公司的股价影响时，区分了管理层及其家族成员股东、关联企业股东和非关联企业股东。一些研究家族企业的文献中，还对非关联的大宗股份持有者进行了识别（Anderson & Reeb, 2003; Villalonga & Amit, 2006）。

虽然股东关系的相关文献凤毛麟角，但我国现行法律法规已对这种关系有所关注，并作出相应的规范。如《公开发行证券的公司信息披露内容与格式准则第28号——创业板公司招股说明书》第三十七条规定，发行人应披露有关股本的情况，包括本次发行前各股东间的关联关系及关联股东的各自持股比例。又如《公开发行证券的公司信息披露内容与格式准则第30号——创业板上市公司年度报告的内容与格式》规定，如前10名股东之间存在关联关系或属于《上市公司收购管理办法》规定的一致行动人的，应予以说明。

以上分析表明，股东关系是客观存在的，已有文献和法规为其存在的形式、原因和影响提供了零星的证据。这些证据尚属初步的，文献数量非常有限，股东关系对股东行为和公司治理的影响十分值得进一步探讨和解释。

五、股东关系的形成与表现

股东关系是股东之间通过多种形式的契约建立起来的特定性质的联系，是内在于公司股东之间的关系网络（蔡宁等，2010）。对于不同类型的公司，股东构成有其相应特征，股东关系会表现出相应的形式。下面主要以我国国有企业和家族企业为例，说明股东关系的存在、成因和表现。

（一）国有企业基于产权、商业和政治纽带的股东关系

我国国有企业中的股东关系，主要表现为控股股东与其他法人

股东之间的产权同源关系、商业伙伴关系和行政同源关系。产权同源关系是指控股股东与关系股东属同一控制人控制，或者他们之间存在单向持股或交叉持股；商业伙伴关系是指控股股东与关系股东之间是购销双方或其他服务合作伙伴；行政同源关系是指控股股东与关系股东属同一政府或其他行政机构所管辖。国有上市公司复杂的股东关系，是由国企脱困、改制、行政干预、政策和官员利益驱动等因素交错形成的。

中国证券市场脱胎于中国转轨经济中，其设立初意是为国企改革和解困服务。20世纪90年代开始国企陷入严重困境，在有关企业改制政策连续出台的行政压力和建造政绩工程的利益驱动下，推动当地国有企业改制和上市成了各级政府官员乐此不彼之事。但改制上市的迫切和上市资源稀缺的矛盾导致供需严重失衡。为了尽早在资本市场中"分一杯羹"，众多国企在进行股份制改造的过程中采取了很多短期行为。例如，为了达到上市要求的财务指标而剥离低效资产、包装优质资产、设立新的股份有限公司等。而1993年的《中华人民共和国公司法》规定，设立股份有限公司应当具备的条件包括：发起人符合法定人数；发起人认缴和社会公开募集的股本达到法定资本最低限额；发起人制订公司章程，并经创立大会通过；无论是采取发起设立还是募集设立的方式，发起人都必须认购其应认购的股份，并承担公司筹办事务；股份有限公司的设立，必须经过国务院授权的部门或者省级人民政府批准；等等。这意味着，不但要找到一定数目的投资者提供资金，还要与其就订立公司章程协商、并达成一致意见、组织其筹办设立事务。在繁琐的改制要求前，拉拢近亲企业作为发起人设立股份制企业不失为一个快捷高效的方法。中国特色的国有资产管理体制下，政府部门和集团公司的统一规划使这一便捷方式成为可能。

20世纪90年代初，为了减少决策不便和政府部门直接干预企业事务，一些地方将过去的行业主管部门改造为行业性的国有资产经营公司，赋予其该行业的国有资产经营职能。除此之外，还设立由市委组织部、市财政局等众多部门共同组成的议事和决策机构——国有资产管理委员会，从而形成了"国有资产管理委员会——国有资产经营公司——国有企业"的格局，被称为三层次模式。这些议事和决策机构，实际上是建立一种跨部门的集中行使国有资产出资人职能的机制，因此，中间层公司执行的仍是行业主管部门和各级政府机构的意志。中间层公司成为同一地方众多企业的共同大股东，决定企业兼并、合并、股份制改组、资产交易和产权转让等重要事项。此外，国家在国有大型企业集团中试行国有资产授权经营，即由国有资产管理部门将企业集团中紧密层企业的国有资产统一授权给核心企业经营和管理。国有资产管理部门（授权方）负责审批企业集团国有资产授权经营试点方案、核定国有资产价值量、考核国有资产经营业绩。而核心企业（被授权方）统一负责授权范围内国有资产的经营、配置、管理及紧密层企业的组织结构和领导体制，对紧密层企业的兼并、合并、股份制改组、资产交易和产权转让等事项作出决定，或提出方案报批。

三层次模式和国有资产授权经营的实施阶段，正是我国国有企业股份制改造如火如荼的时期。各级政府为了推动当地企业完成股份制改造和上市融资,义无反顾地为国有企业安排发起人股东,其下辖的中间层企业和企业集团则在其控股网络下的子公司之间牵线搭桥。生意伙伴关系的存在、行业主管部门的安排和地方政府的拉拢,使引入上下游企业、同行业公司、同地区企业成了一个便捷途径。由此,我国国有企业在完成改制重获新生之时,也天生地附带着一个存在千丝万缕关系的股权结构,发起人之间大部分是亲密盟友,控股股东身边围绕着的是关系股东。即使是上市以后,一旦公司陷入财务困境,地方政府也倾向于寻找当地企业或由集团公司寻找兄弟公司注资搭救,或者以多个股东盘踞之势震慑外来敌意收购者,以保住壳资源和控制权。

(二)家族企业基于亲缘和地缘的股东关系

根据《中国私营企业发展报告(2006)》,我国的私营企业普遍采用家族拥有的形式。在被调查企业中,业主投资占投资总额的70%;有50.3%的企业,其股东中包括了业主的家庭成员。这种产权结构是构成家族制企业的前提。

如果说我国国有企业产权的超经济性质集中表现为对国家政治及行政权力的依附,那么,我国私营企业产权的超经济性质则表现为人们通常所说的亲缘性和地缘性。亲缘关系包括血缘关系和姻缘关系,存在于生育带来的血亲群体和婚配带来的姻亲群体之间(郭于华,1994)。在家族企业中具体表现为,私营资本在创业和原始积累过程中,以血缘和姻亲关系为基本纽带联结成为统一的创业积累主体,家庭成员以至于家族成员共同成为企业资本的所有者,成员在企业资本中的权利位置在相当大的程度上服从家庭宗法、伦理关系的制约，其各自在企业权利网络中的位置，除取决于各自对企业的作用、贡献外，往往同时还受其在家族中的地位的影响，受其与企业核心人物的亲缘关系的远近的影响。而地缘关系是因居住地邻近而发生的关系，表现为私营资本"离土不离乡"或"离乡不离地"的创业特征，也就是说，由原来的农业中游离出来的资本，虽然转入非农产业，但仍未离开自然村落，仍未脱离本乡本镇；或者在城市发展起来的私人资本，但并未脱离诸如街道、县市等地方性的社会网络（刘伟，2000）。这种地方性的社会网络主要体现为两种关系，一种是朋友熟人间的社会关系，另一种是企业和地方政府之间的政商关系。

从社会学的角度来看，中国社会的文化传统与私营资本主要以家族成员组成股东联盟的方式进行运营不无关系。中国的文化是一种低文本文化，信息交流较多依靠事前人们在传统文化背景下形成的共识（Hall，1976）。在这种文化氛围下，人们与家人、亲人的交流显然更为容易和畅通，因为风俗习惯的传承和长期生活往来的契合，使家庭和家族成员之间形成诸多共识和默契，而这些信息对于一位外人来说是非常含糊和不充分的（朱卫平，2004）。事实上，人与人之间的信任和忠诚程度，也是家族企业以亲缘为基础构建股权控制网络的原因。

从实践中看，在家族企业的初创期，其具有宗法性的产权制度在一定时期里更有利于私营资本的成长，提高企业的效率。首先，在企业发展的初期阶段，面临创业竞争的压力，股东之间的同心同德、共同努力显得特别重要。家族成员之间目标函数的一致性要高于外部成员,事前的信息不对称导致逆向选择的可能性较小,对契约完善程度也要求较低,甚至能借助三缘关系下的了解、信任和忠诚进行更严密的控制和更可靠的监督,从而降低股东之间契约的订立成本和履约成本。其次,我国市场经济发育尚不完备,未能为私营资本提供完善的社会化的市场服务,外部融资困难、信息容易泄露,私人资本只有借助于"三缘"背景才能得以生存。因此,在创业和原始积累时期,无论是签约履约的成本、还是资金筹集的效率,家族资本均有其特殊的优势。在扩展和成熟期,家族企业通常不得不为了满足不断增长的资源需求而逐步放弃一些控制权,但他们对控制权的保卫非常顽强,对股权的放弃通常是以保持对企业的临界控制为底线的,并且一般会坚持"能少不多""能内不外"的原则。这样,家族企业的股权通常由企业家依次向家庭成员(配偶或子女)、其他家族成员、朋友熟人、社会公众让渡,控股股东和其他股东之间的关系图谱也会因股东的进入和退出而发生改变。不过,虽然投资来源已经多元化,控制权已经在更大的范围内被分享,但家族资本仍然占绝对或相对控股地位,家族企业家仍顽强地保护着家族所拥有的临界控制权(朱卫平,2004)。

产权本身所具有的天然封闭性,使得家族企业的控股股东与部分中小股东之间天然存在密切关系;深受儒学文化和传统观念影响的家族观念,又使家族资本产权市场交易的社会广泛性大大降低,股东关系在维持中变化。因为在企业发展和家庭成员关系变化的过程中,会涉及继承、接棒、分家等问题,因而家族企业控股股东和非控股大股东之间的关系会比其他企业更加复杂。

六、股东关系的刻画：以我国上市公司为背景

如前所述，公司在特定的股权结构或股东构成下会表现出相应的股东关系，股东关系不仅有不同的表现形式，还存在亲密程度的差异。在信息可获得的条件下，考虑股东关系的形成原因、表现形式及相关文献支撑等因素，我们重点构建了一组旨在刻画股东关系的指标。需要说明，本文刻画的是其他股东与第一大股东之间的关系，而不包括其他股东之间的关系。这是因为，我国上市公司股权相对集中，第一大股东通常持有优势股份，并因此控制公司的决策与经营。其他股东与第一大股东之间的关系，会直接影响到公司股东之间的利益构成和势力划分，从而影响人们正确区分公司内部存在代理冲突的双方、识别内部人之间的合谋侵占及其实现方式以及合理评价股权制衡的治理作用及其发生机制。为此，本文所刻画的股东关系以第一大股东为核心加以展开。

（一）股东关系类型

1.可直接刻画的股东关系类型：关联关系与一致行动人

关联关系与一致行动人是我们能直接刻画的股东关系。证监会在《信息披露规范第2号——年度报告的内容与格式》（2005年修订）中规定，公司应列出至少前10名股东的持股情况，如前10名股东之间存在关联关系或属于《上市公司股东持股变动信息披露管理

办法》规定的一致行动人的，应予以说明。这为我们洞悉上市公司前10大股东之间的关系提供了直接依据。

证监会在上市公司年度报告披露规范中并没有界定关联关系，也没对其进行引注，我们须查核其他相关法律法规以明确其定义。根据《中华人民共和国公司法》的规定，关联关系是指公司控股股东、实际控制人、董事、监事、高级管理人员与其直接或者间接控制的企业之间的关系，以及可能导致公司利益转移的其他关系。财政部《企业会计准则第36号——关联方披露》中对关联方的定义为：一方控制、共同控制另一方或对另一方施加重大影响，以及两方或两方以上受同一方控制、共同控制或重大影响的，构成关联方。仅仅同受国家控制而不存在其他关联方关系的企业，不构成关联方。为了进一步明确关联方的具体情形，企业会计准则还对构成关联方和不构成关联方的情形进行了列举。① 证监会在《上市公司信息披露管理办法》中还将关联人进一步划分为关联法人和关联自然人，并对他们各自包括的情形进行了列举。② 虽然不同的法律法规对关联关系、关联方、关联人的定义表述有些差异，但只要对其中列举的情形稍作归类，即可发现：法定关联关系实质上是因为内部任职和上文所述的产权纽带、亲缘关系所形成的。

如果以上市公司的第一大股东为核心，按照以上相关法律法规的界定，其可能的关联方如图2示意。

---

① 详见《企业会计准则第36号——关联方披露》第四条。
② 详见《上市公司信息披露管理办法》（证监会令第40号2007年1月30日）附则。

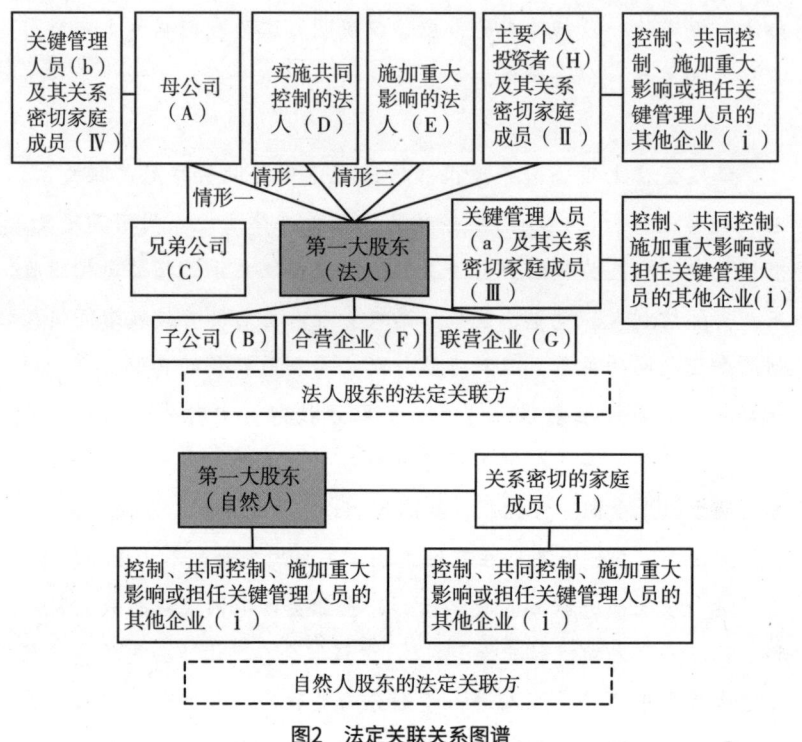

图2 法定关联关系图谱

除关联关系外,公司年度报告中还会对属于一致行动人的前10大股东进行披露。据《上市公司股东持股变动信息披露管理办法》,一致行动人是指通过协议、合作、关联方关系等合法途径,为扩大其控制比例,或者巩固其控制地位,在行使上市公司表决权时采取相同意思表示的两个以上的自然人、法人或其他组织。采取相同意思表示的情形包括共同提案、共同推荐董事、委托行使未注明投票意向的表决权等情形。但是,公开征集投票代理权的除外。

2. 可间接刻画的股东关系类型

除上述可借助公司年报披露而识别的关联关系和一致行动人之外,股东之间的厚薄亲疏在大多数情况下很难通过便捷的途径获知,而只能通过某些替代来捕捉和描述。

根据前文所述的股东关系在不同类型企业的形成和表现,我们认为,进入时点对于识别股东的身份至关重要。在股份公司的发展历程中有两个重要的时点:一是股份公司创立;二是公司IPO。这两个时点可能是合一的,但大多数公司是分离的。首先,从公司的发起人(或称创始人)股东看,非控股股东是否与控股股东同为公司的发起人,是考量他们之间关系的一个重要因素。发起人是在股份公司创立时就进入公司,并承担出资认股、推动公司设立等重要职责的股东。如前所述,在企业困难、官员功利、政策推动和特定时期国有资产管理体制等众多因素作用下,国有股份公司创立时对发起人的选择可能体现了某些特定的利益关联。而在中国社会的传统文化、信任体系和不发达市场环境下,家族企业家倾向于首先考虑与自己有血缘、姻缘等亲缘关系的家族成员,其次是有地缘、业缘等关系的熟人朋友,作为核心股东的成员。共同白手起家、一同创业并使企业发展壮大的创业伙伴,也通常会成为存活下来或成功经营的家族或非家族创业企业的共同所有者。可以猜测,能够成为公司发起人的,很可能与第一大股东之间存在着某种关联。其次,从公司的战略投资者看,在公司IPO以前引进的所谓"战略投资者"股东也可能与控股股东之间存在某种利益关联或利益交易。一方面,战略投资者拥有资金、技术、管理、市场、人才或政治关联等优势,能促成企业发展完善,获取隐性的政治支持，实现上市融资的目标。战略投资者对公司发展所做的特殊贡献使其在众多股东中地位凸显。另一方面，IPO能给公司带来巨大的财富，公司股东不但可以分享其中的财富，还能获得上市公司股东的尊贵身份，以及日后股票可流通后的"一夜暴富"。

除了股东的进入时点外，还可通过某些特定信息识别其他类型的股东关系。例如：

（1）地区关联股东。我国资本市场存在地方保护主义，表现在地方政府滥用行政权力限制本地资本流出本地市场，限制外地资本进入本地某些领域。一方面，为了留住优势企业、促进本地经济，地方政府对国有企业进行直接干预，对非国有企业采用优惠、协商等方式，要求本地企业在投资控股、并购扩张时选择本地企业。另一方面，为了独享企业改制上市带来的利益，保持对本地上市公司的控制与干预，地方政府可能会限制外地企业插足本地上市公司，通过一个排他性产权市场，从所保护的市场中获得收益。由此，在一些企业的改制上市过程中，股东均由本地企业担当。此外，地方政府在企业兼并重组中也扮演着重要角色。当地上市公司陷入财务困境时，地方政府为了保住当地壳资源、维持对上市公司的控制与干预，有时会采取拒绝收购、仅引入战略投资者的方式救助。这种救急援兵往往需要由当地政府出面搜寻、做说服动员工作、并协调双方的谈判，也往往首先找到关联企业或本地公司承担其如此重任。这种非市场化的资本运作可能存在利益交换。

（2）行政同源股东。股东之间的政治关联，在中央级的国有大型企业和隶属于省地级政府的国有企业中都有所体现。设立国资委之前，我国国有企业的等级隶属分布结构大致可分为3个层次，即中央部局直接控制的垄断企业，国家经贸委控制的企业，以及经贸委下属局通过行业管理政策间接控制或指导的企业（刘小玄，2001）。除了第一层次的企业和第二层次的少数企业仍直接隶属中央外，其余企业的控制权都下放到省地级政府。过去的这种控制模式到后来由国资委实行直接管理，使国有控股企业的股东关系变得隐蔽。一方面，在当时中央部局委和省地级政府控制的模式下，国企改制时的股东选择难免受到干预，第一大股东与其他股东可能由同一中央部局委或省地级政府拉拢聚头。另一方面，从现时的控制链来看，却无法看到股东之间的这种产权关联，但行政同源带来的关系却会对股东行为产生不可忽视的影响。

（3）行业关联股东。同行业公司共同投资是上市公司中股东关系的另一种形式，这种关系可能脱离了地方行政的同源管理，也可能突破同地域的界限，而仅表现为行业或产业上的联结，如华能国际就引入了辽宁能源、汕头电力等外地非关联同行业公司作为子公司的股东，中国黄金集团则联手中信国安黄金、河南豫光金铅、西藏矿业、山东莱州黄金、天津宝银号贵金属等各地的非关联有色金属公司投资于中金黄金。这种非关联同行业公司的联袂可能是分行业管制下的衍生物。同时，以行业为单位的统一规划增加了同行业公司在信息、管理、资源调配等方面的交换与合作，某些共同利益的存在和相互输送的可能，也使同行公司本身更容易达成共同投资、共担风险的合作意向。当然，某些股东同时是基于行政、行业和地区等因素共同投资于上市公司的,如郴州财政局、宜章电力、临武水电、汝城水电、永兴水电等共同持有郴电国际的非流通股权,而宜章县、临武县、汝城县、永兴县正是郴州市的下辖行政区域。

（4）商业合作股东。根据威廉姆森（Williamson, 1975）的治理结构理论,供应商、经销商、客户等通过持有上市公司股份来维持和巩固其与上市公司之间的商业合作关系,是处于市场治理与企业治理之间的一种缔约活动和治理方式。类似于企业集团的产生与存在,这种商业合作和出资持股的双重关系是基于交易成本的效率动因而缔结的。从社会学角度,企业间的股权关系及其结构特征可能反映了一个地区的社会、文化和风俗习惯等超越标准经济学范畴的制度因素（Granovetter, 2005）。特定上下游合作企业的持股可能反映了其与控股股东之间基于社会网络、社会信任等非经济因素而缔结的一种特殊关系。

（5）承销保荐股东。直接投资业务试点的逐步扩大,使越来越多券商成为上市公司的股东。直接投资业务,是指证券公司利用自身的专业优势寻找并发现优质投资项目或公司,以自有或募集资金进行股权投资,并在企业上市后或购并时出售股权,以获取股权收益为目的的业务（王欧,2007）。因而在企业上市的筹备过程中,证券公司既可以通过提供承销保荐等中介服务获取报酬,也可以自有资金参与投资,某些券商同时还参与网下询价,获取新股上市带来的溢价收益。许多证券公司都努力达到直投试点的要求直接参股拟上市公司,或与信托公司合作"曲线"式参与直投业务。作为上市公司股东,又是保荐人、主承销商甚至网下询价者，券商与上市公司控股股东之间不排除存在利益交换、利益输送和关联交易的可能。多重身份合一也使承销保荐股东与控股股东之间的关系变得复杂。

多种可间接刻画股东关系的方式如图3所示。

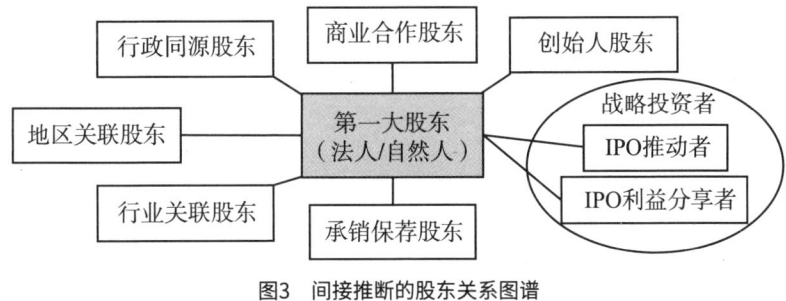

图3　间接推断的股东关系图谱

表2对能够直接或间接刻画的股东关系进行归纳，获得股东关系类型的一个全景图。

表2　　　　　　其他股东与第一大股东之间的关系

Panel A	其他股东与第一大股东之间可直接刻画的关系
股东关系类型	股东关系表现
基于产权纽带的股东关系	非控股法人股东与第一大股东受同一公司/家族控制、共同控制或施加重大影响 非控股法人/自然人股东对第一大股东实施控制、共同控制、施加重大影响 非控股法人股东受第一大股东控制、共同控制或施加重大影响

续表

Panel A 其他股东与第一大股东之间可直接刻画的关系	
股东关系类型	股东关系表现
基于内部任职的股东关系	非控股自然人股东是第一大股东的高管 非控股自然人股东是第一大股东的母公司的高管
基于亲缘关联的股东关系	非控股自然人股东与第一大股东是关系密切的家庭成员 非控股自然人股东与第一大股东的控股股东是关系密切的家庭成员 非控股法人股东的控股股东与第一大股东是关系密切的家庭成员 非控股法人股东的实际控制人与第一大股东的实际控制人是关系密切的家庭成员
一致行动人	非控股股东与第一大股东在行使表决权时采取相同意思表示

Panel B 其他股东与第一大股东之间可间接刻画的关系		
股东类型	股东关系表现	识别标志
发起人股东	志趣、友谊、信任、尊敬、服从	公司设立时的在册股东
战略投资者	协助推动IPO，分享IPO带来的好处	公司成立后到IPO前参股的股东
地区关联股东	地方保护，地方援助	股东注册地位于同一行政区域
行政同源股东	受同一行政主管机关控制、干预或指导	股东过去或现在由同一行政部门主管
行业关联股东	受同一机构管理，行内资源交换与合作	股东属于同一行业或产业
商业合作股东	降低长期商业往来的成本和风险	股东间为供应商、经销商、客户等
承销保荐股东	承销、保荐、询价、二级市场炒作	股东为上市公司的主承销商

(二) 关系股东的影响力

关系股东的身份意味着,与其他非第一大股东相比,关系股东与第一大股东的关系更为密切。但这种密切程度及相应带来的股东影响力在不同的关系股东之间存在差异,关系股东的势力在不同的公司之间也存在差异。下面分别从股东层面和公司层面,用相关的指标对这种密切程度和影响力进行测度。

在股东层面,其他股东与公司第一大股东之间的关系密切程度可能与股东的持股历史有关。关系股东与第一大股东同时持股的历史越长,两者之间越容易形成默契。两者皆为发起人股东时是极端的例子。因而,关系股东与第一大股东的持股历史杠杆是股东关系密切程度的一个衡量。

关系股东对上市公司的影响力,则可通过多种渠道达成。股东大会和董事会是公司治理体系中的两种重要机制。股东大会上,关系股东可依据所持股权的份额直接影响公司重大决策;在董事会上,关系股东虽无权直接介入,但却可通过向上市公司委派董事、监事和其他高管人员,间接获取在公司决策环节的话语权。因此,可分别用关系股东的持股比例和委派董监高比例来衡量其影响力。通常情况下,股东向公司委派董监高的人数比例,应当与其持股比例相匹配。如果一个关系股东占公司董监高的席位比例要高于其持股比例,那么可以认为其话语权与股份比例并不匹配——话语权要大于所有权。因而,关系股东委派董监高比例与其自身持股比例的杠杆,也可以作为关系股东影响力的衡量指标。

在公司层面，不同公司的股权结构由不同的股东构成，第一大股东的关系股东阵容和影响力也不尽相同。关系股东的影响力首先可以用前十大股东中关系股东的数目来衡量。关系股东的数目越多，围绕在公司第一大股东周围的利益共同体越庞大。更重要和更有效的，依然需要考虑关系股东在公司治理当中的作用渠道——股东大会和董事会，以关系股东的决策权和话语权来替代其影响力。因此，可通过关系股东的持股比例之和，以及关系股东委派董监高的比例之和，来衡量一家公司第一大股东的关系股东的影响力。同样的，持股比例与委派董监高比例之商可以测度股东在公司治理中决策权与话语权是否与其持股比例相匹配。因而，以关系股东的持股比例之和与关系股东委派董监高的比例之和相除，得到的杠杆也可作为一家公司关系股东总影响力的良好替代。

表3就是对关系股东影响力指标的归纳。

表3　　　　用于刻画关系股东影响力的指标

指标维度	刻画指标	指标释义
股东层面	持股历史	关系股东持股年数/控股股东持股年数
	持股比例	关系股东持股股数/公司总股本
	委派董监高比例	关系股东委派董监高人数/公司董监高总人数
	话语权-所有权杠杆	关系股东委派董监高比例/股东持股比例

续表

指标维度	刻画指标	指标释义
公司层面	股东规模	前十大股东中关系股东的数目
	持股比例	关系股东持股数之和/公司总股本
	委派董监高比例	关系股东委派董监高人数之和/公司董监高总人数
	话语权-所有权杠杆	关系股东委派董监高比例之和/关系股东持股比例之和

七、总结与讨论:"关系基础"的股权结构

我们通过对股权结构相关文献的回顾,归纳了相关研究话题与研究路线,总结了已有文献对股权结构的认识与刻画方式。在此基础上,分析了已有文献对股权结构认识的不足,提出股东关系的概念及其研究意义。以我国上市公司为背景,分析了两类企业股东关系的形成与表现。根据我国上市公司股东之间能直接获知和间接推测的可能存在的关系,比较全面、系统地构建出刻画股东关系及关系股东影响力的指标。我们认为,上述分析和刻画将有助于人们认识现实存在的"关系基础"的股权结构。

"关系基础"的股权结构(Relation-based Ownership Structure),是以股东与公司的产权契约为基础,同时考虑股东之间通过多种形式的契约建立起来的特定性质的联系。"关系基础"的股权结构能够说明权力如何在不同身份和阵营的股东之间分布。

1. 股权结构:从链式到网状的发展

在产权关系的基础上,加以股东关系的视角去透视股权结构,股权结构将会变得更加充实丰满。股东关系既可能是基于产权网络建立起来的,也可能是基于亲缘、地缘、学缘、业缘、战略投资、承销保荐、位于同一地区、属于同一行业、接受同一行业机构管理、长期的商业合作、共同创业守业的情愫等逐步形成的。股东之间的远近亲疏并不一定签有书面协议,而可能依靠其他法律关系或信任、友谊、共同利益等隐性契约而建立。这种隐形契约使股东之间构建起了产权以外的关系联结,有助于人们对股权结构的认识从一个链状发展为一个网络。我们看到的不单是持股人之间的持股结点,还有他们之间的其他关系结点。

2. 重审股东之间的权力与利益结构

关注股东之间的关系,会使股东之间的利益构成和公司的股权集中度发生改变。一方面,内部人和外部人之间的划分发生改变。传统划分方式下的外部人可能会因为与内部人存在关联而划归为内部人,所谓的"外部人"可能会因与内部人结盟等而成为实质上的内部人。另一方面,股权分散或集中、股东实现控股的标准也可能发生改变。传统划分方式下的股权分散公司,可能因存在关系股东通过各自持有分散股份而实现实质控股,传统划分方式下的内部人,也可能通过关系股东的协助而以较少的持股掌握较大的控制权。因此,为更准确地识别公司股权的权力与利益结构,以科学分析相关代理问题,必须考虑股东之间的关系。

3. 全面关注股权结构的动态变化

考虑股东关系，会使人们对股权结构变化的认识更加动态和灵活。一方面，产权主体的更改，不单是公司内部权力主体的易主，股东变化所引起的股东关系变化还会引起股东之间利益结构的重新组合。旧股东的退出可能会导致原有股东关系的解体，新股东的进入可能会引起原关系股东的抗衡制约或放弃监督。另一方面，即使股权不发生转让或变动，股东之间关系本身的变化也有可能引起股东内部的权力斗争和结构变动。考虑股东关系后，能更好地认识股权结构的动态变化，有助于分析某些股东的特定行为和代理冲突。

4. 关系的纵深发展：从"股东"关系到"股东—控制人"关系

对控股股东与其上级控制链之间非产权关系的关注，可以从另一个角度刻画实际控制人的控制方式，以及权力在控制链上的分配与分离。在同一种控制方式下，实际控制人对公司的影响存在差异。权力从实际控制人到控股股东的传授不一定是完全的，控股股东于上市公司可能是实际掌权人，可能具有不完全的股东权利，也可能只是个"傀儡"。权力可能因非产权关系分散在产权链条的各个节点上。权力的分配与权力主体的特征直接影响到行为动机和治理效率，为此也需要对"股东—控制人"的关系进行多维度的刻画。

由于股权结构在公司治理中的重要地位，"关系基础"的股权结构很可能对许多原有的研究带来新的解释，甚至还可拓展很多新的研究。

主要参考文献

[1] 蔡宁，魏明海，路晓燕. 股东关系与"大小非"减持中的股东合谋 [D].

[2] 陈清泰. 重塑企业制度：30年企业制度变迁 [M]. 中国发展出版社，2008.

[3] 陈信元，陈冬华，朱凯. 股权结构与公司业绩：文献回顾与未来研究方向 [J]. 中国会计与财务研究，2004（4）.

[4] 崔宏，夏冬林. 全流通条件下的股东分散持股结构与公司控制权市场失灵 [J]. 管理世界，2016（10）.

[5] 郭于华. 农村现代化过程中的传统亲缘关系 [J]. 社会学研究，1994（6）.

[6] 李增泉. 国家控股与公司治理的有效性 [M]. 经济科学出版社，2005.

[7] 梁杰，王璇，李进中. 现代公司治理结构与会计舞弊关系的实证研究 [J]. 南开管理评论，2004（6）.

[8] 刘芍佳，孙霈，刘乃全. 终极产权论、股权结构及公司绩效 [J]. 经济研究，2003（3）.

[9] 刘伟. 转轨经济中的国家、企业和市场 [M]. 华文出版社，2001.

[10] 刘小玄. 中国企业发展报告：1999~2000 [M]. 社会科学文献出版社，2001.

[11] 王欧. 关于证券公司开展直接投资业务问题的研究报告 [R]. 中国证监会研究中心，2007.

[12] 朱卫平. 论企业家与家族企业 [J]. 管理世界，2004（7）.

[13] Anderson, R.C., A.Duru and D.M.Reeb, 2009, Founders, Heirs, and Corporate Opacity in the United States, Journal of Financial Economics 92,

pp.205-222.

[14] Anderson, R.C.and D.M.Reeb, 2003, Founding-Family Ownership and Firm Performance : Evidence from the S&P 500, Journal of Finance 58, pp.1301-1328.

[15] Baek, J., J.Kang, K.S.Park, Corporate Governance and Firm Value : Evidence from the Korean Financial Crisis, Journal of Financial Economics 71, pp.265-313.

[16] Bennedsen, M.and D.Wolfenzon, 2000, The Balance of Power in Closely Held Corporations, Journal of Financial Economics 58, pp.113-139.

[17] Berle, A.and G.Means, 1932, The Modern Corporation and Private Property, MacMillan, New York, NY.

[18] Booth, J.R., and L.Chua, 1996, Ownership Dispersion, Costly Information, and IPO Underpricing, Journal of Financial Economics 41, pp.291-310.

[19] Boubakri, N., J.Cosset and O.Guedhami, 2005, Postprivatization Corporate Governance : The Role of Ownership Structure and Investor Protection, Journal of Financial Economics 76, pp.369-399.

[20] Brennan, M.J.and J.Franks, 1997, Underpricing, Ownership and Control in Initial Public Offerings of Equity Securities in the UK, Journal of Financial Economics 45, pp.391-413.

[21] Chernykh, L, 2008, Ultimate ownership and control in Russia, Journal of Financial Economics 88 (1), pp.169-192.

[22] Claessens, S., S.Djankov and L.H.P.Lang, 2000, The Separation of Ownership and Control In East Asian Corporations, Journal of Financial Economics 58, pp.81-112.

[23] Claessens, S., Djankov, S., Fan, J.P.H.and Lang, L., 2002, Disentangling the Incentive and Entrenchment Effects of Large Shareholdings, Journal of Finance 57, pp.2741-2771.

[24] Cubbin, J.and D.Leech, 1982, The Effect of Shareholding Dispersion on the Degree of Control in British Companies : Theory and Measurement, Economic Journal 93, pp.351-369.

[25] Cho, H., 1998, Ownership Structure, Investment, and the Corporate Value : An Empirical Analysis, Journal of Financial Economics 47, pp.103-121.

[26] Core, J.E.and D.F.Larcker, 2002, Performance Consequences of Mandatory Increases in Executive Stock Ownership, Journal of Financial Economics 64, pp.317-340.

[27] Dahlquist, M.and G.Robertsson, 2001, Direct Foreign Ownership, Institutional Investors, and Firm Characteristics, Journal of Financial Economics 59, pp.413-440.

[28] Denis, D.J., D.K.Denis and A.Sarin, 1997, Agency Problems, Equity Ownership, and Corporate Diversification, Journal of Finance 52, pp.135-160.

[29] Denis, D.J., D.K.Denis and A.Sarin, 1997, Ownership Structure and Top Executive Turnover, Journal of Financial Economics 45, pp.193-221.

[30] Denis, D.J., A.Sarin, 1999, Ownership and board structures in publicly traded corporations, Journal of Financial Economics 52, pp.187-223.

[31] Demsetz, H.and Lehn, K., 1985, The Structure of Corporate Ownership : Causes and Consequences, Journal of Political Economics 93, pp.1155-117.

[32] Desai, M.A., C.F.Foley and J.R.Hines, 2004, The Costs of Shared Ownership : Evidence from International Joint Ventures, Journal of Financial Economics 73, pp.323-374.

[33] Dyck, A.and L.Zingales, 2004, Private Benefits of Control: An International Comparison, Journal of Finance 59, pp.537-600.

[34] Faccio, M.and L.Lang, 2002, The Ultimate Ownership of Western European Corporations, Journal of Financial Economics 65, pp.365-395.

[35] Faccio, M., L.Lang and L.Young, 2001, Dividends and Expropriation, American Economic Review 91, pp.54-78.

[36] Fahlenbrach, R.and R.M.Stulz, 2009, Managerial Ownership Dynamics and Firm Value, Journal of Financial Economics 92, pp.342-361.

[37] Fan, J.P.H.and T.J.Wong, 2002, Corporate Ownership Structure and the Informativeness of Accounting Earnings in East Asia, Journal of Accounting and Economics 33, pp.401-425.

[38] Fee, C.E., C.J.Hadlock and S.Thomas, 2006, Corporate Equity Ownership and the Governance of Product Market Relationships, Journal of Finance 61, pp.1217-1251.

[39] Gillan, S.L., L.T.Starks, 2000, Corporate Governance Proposals and Shareholder Activism: The Role of Institutional Investors, Journal of Financial Economics 57, pp.275-305.

[40] Gordon, L.A.and J.Pound, 1993, Information, Ownership Structure, and Shareholder Voting: Evidence from Shareholder-Sponsored Corporate Governance Proposals, Journal of Finance 48, pp.697-718.

[41] Granovetter, M., 2005, The Impact of Social Structure on Economic Outcomes, Journal of Economic Perspectives 19, pp.33-50.

[42] Grossman, S.J.and O.D.Hart, 1988, One Share-One Vote and the Market for Corporate Control, Journal of Financial Economics 20, pp.175-202.

[43] Hall, E.T., 1976, Beyond Culture, Anchor Books/Doubleday, Garden City, NJ.

[44] Haw, I., B.Hu, L.Hwang and W.Wu, 2003, Ultimate Ownership, Income Management, and Legal and Extra-Legal Institutions, Journal of Accounting Research 42, pp.423-462.

[45] Himmelberg, C.P., R.G.Hubbard and D.Palia, 1999, Understanding the Determinants of Managerial Ownership and the Link between Ownership and Performance, Journal of Financial Economics 53, pp.353-384.

[46] Koch, B.S., 1981, Income Smoothing: An Experiment, The Accounting Review, Vol.56, No.3, pp.574-586.

[47] Jensen, M.and Meckling, W., 1976, Theory of the Firm, Managerial Behavior, Agency Costs and Capital Structure, Journal of Financial Economics 3, pp.305-360.

[48] Jensen, M.C., and R.S., Ruback, 1983, The Market for Corporate Control, Journal of Financial Economics 11, pp.5-50.

[49] Jensen, M., 1986, Agency Costs of Free Cash Flow, Corporate Finance, and Takeovers, American Economic Review 76, pp.323-329.

[50] Jensen, M.and J.B.Warner, 1988, The Distribution of Power among Corporate Managers, Shareholders, and Directors, Journal of Financial Economics 20, pp.3-2.

[51] Joh, S.W., 2003, Corporate Governance and Firm Profitability: Evidence from Korea before the Economic Crisis, Journal of Financial Economics 68, pp.287-322.

[52] Johnson, S., R.La Porta, F.Lopez-De-Silanes and A.Shleifer, 2000, Tunneling, American Economic Review 90, pp.22-27.

[53] Kothare, M., 1997, The Effects of Equity Issues on Ownership Structure and Stock Liquidity : A Comparison of Rights and Public Offerings, Journal of Financial Economics 43, pp.1131-1411.

[54] La Porta, R., F.Lopez-de-Silanes, and A.Shleifer, 1999, Corporate Ownership around the World, Journal of Finance 54, pp.471-517.

[55] La Porta, R., F.Lopez-de-Silanes, and A.Shleifer, 2002, Government Ownership of Banks, Journal of Finance 57, pp.265-301.

[56] La Porta, R.F., Lopez-De-Silanes, A.Shleifer and R.W.Vishny, 2002, Investor Protection and Corporate Valuation, Journal of Finance 57, pp.1147-1170.

[57] Lemmon, M.L.and K.V.Lins, 2003, Ownership Structure, Corporate Governance, and Firm Value : Evidence from the East Asian Financial Crisis, Journal of Finance 58, pp.1445-1468.

[58] Mak, Y.T.and Y.Li, 2001, Determinants of Corporate Ownership and Board Structure : Evidence from Singapore, Journal of Corporate Finance 7, pp.235-256.

[59] McConnell, J.J., H.Servaes, 1995, Equity Ownership and the Two Faces of Debt, Journal of Financial Economics 39, pp.131-157.

[60] Morck, R., A.Shleifer and R.W.Vishny, 1988, Management Ownership and Market Valuation : An Empirical Analysis, Journal of Financial Economics 20, pp.293-315.

[61] Niehaus, G.R., 1989, Ownership Structure and Inventory Method Choice, The Accounting Review, Vol.64, No.2, pp.269-284.

[62] Prowse, S.D., 1992, The Structure of Corporate Ownership in Japan, Journal of Finance 47, pp.1121-1140.

[63] Sapienza, P., 2004, The effects of government ownership on bank lending, Journal of Financial Economics 72, pp.357-384.

[64] Shleifer, A.and R.W.Vishny, 1986, Large Shareholders and Corporate Control, Journal of Political Economy 94, pp.461-488.

[65] Shleifer, A.and D.Wolfenzon, 2002, Investor Protection and Equity Markets, Journal of Financial Economics 66, pp.3-27.

[66] Stulz, R.M., 1990, Managerial Discretion and Optimal Financing Policies, Journal of Financial Economics 26, pp.3-27.

[67] Volpin, P.F., 2002, Governance with Poor Investor Protection: Evidence from Top Executive Turnover in Italy, Journal of Financial Economics 64, p.61-90.

[68] Villalonga, B.and R.Amit, 2006, How do Family Ownership, Control and Management Affect Firm Value? Journal of Financial Economics 80, pp.385–417.

[69] Warfieid, T.D., J.J.Wild and K.L.Wild, 1995, Managerial Ownership, Accounting Choices, and Informativeness of Earnings, Journal of Accounting and Economics 20, pp.61-91.

[70] Williamson, O.E., 1975, Markets and Hierarchies: The Governance of Contractual Relations, Journal of Law and Economics 22, pp.233-261.

[71] Williamson, O.E., 1979, Transaction-Cost Economics: The Governance of Contractual Relations, Journal of Law and Economics 22, pp.233-261.

九、"企业股权特征的综合分析框架——基于中国企业的现象与理论"及其回忆

企业股权特征是影响公司治理的基础性因素。现有文献通常侧重于其中某一个或两个维度的特征进行研究,难以全面、深入考察股权特征及其在公司治理中的作用。同时,大量研究我国企业的文献主要套用西方成熟的理论解释中国的问题,以致对我国企业的股权特征仍未解释清楚,为此需要更加全面、综合地认识和把握企业的股权特征。

另外,经过三十多年的国企改革,包括"放权让利""产权明晰"和"股份制改造"等,我国逐步建立起现代企业制度。然而,企业在股权的形成过程仍存在一些不足,比如广受诟病的国企"一股独大"、政府对企业习惯性地干预和控制等,这些股权问题对企业的经营管理和公司治理均产生较大的影响。对这些股权现象的总结、归纳和解释,也有助于我们加深理解我国公司治理的一些重要问题。

以上两段话是来自于"企业股权特征的综合分析框架——基于中国企业的现象与理论"发表时，《会计研究》编辑部要求我们所写的导读。

事实上，我们之所以写这篇论文，其最初目的和情形并不完全如此。客观地说，这篇论文的写作主要有两个目的：

一是指导博士生如何起步开展学术研究。作为研究生导师，指导博士生如何起步开展学术研究是我比较关注的一件事。我们通常都知道因材施教，但在培养博士生的过程中都需要解决一个基础问题，即学术基本功的训练。

（1）什么是学术研究的基本功？按我的初步理解，学术研究的基本功最起码包括"四项功力"：有目的地系统整理和深刻理解文献的功力；提出并形成系统性新论点的功力；构建多个新论点之间的逻辑关系及其分析框架的功力；用恰当的文字、文风写作成文的功力。作为起步，这里没有列出实证检验和数据分析的功力，主要是因为我不希望学生在学术研究起步阶段就埋头于数据、深陷于细节。实证检验和数据分析不是不重要，而是必须建立在上述"四项功力"基础之上。

（2）如何训练学术研究起步阶段的基本功？我不太习惯于出具

体的题目,让学生做命题论文。在训练博士生在学术研究起步阶段的基本功时,我倾向于与博士生一起讨论规划一个研究领域和方向,希望大约可用一年时间形成一个完整的长篇研究报告,这个研究报告不是盯着发表,而是着眼于"四项功力"。我还倾向于与博士生一起讨论规划一个偏粗糙而不是精细的研究框架和研究路径,在研究过程分步讨论研究框架和研究路径的完善。我比较看重研究的过程及阶段性的文稿,而不是期待立马看到学生的完整文稿。我还比较注重学生能否有目的地系统整理和深刻理解文献、能否提出并形成一些新的论点、能否构建多个新论点之间的逻辑关系及其分析框架、能否用恰当的文字、文风写成文字。我常对学生讲,我需要看到每一过程、每个阶段的图、看到论点、看到论据、看到白纸黑字。没有图,我很难相信学生的思维是完整和定型的,逻辑是经过认真思考和成型的;没有白纸黑字,我也很难相信学生是认真对待论点和论据的,文字和文风是经过字字斟酌和实实在在的。在与学生讨论时,我也不太习惯只是口述,而总是一边画图、一边列出要点。离开纸、白板和笔,我还真不知道如何现场面对面指导学生。

这篇论文,只是我指导蔡贵龙同学起步开展学术研究所形成的5万多字的研究报告《"公""私"难分与股权"异象"——中国传统文化的影响与现实制约》(第5稿)中的很小的一部分。研究报告提出:股权结构是影响公司治理的基础性因素。中国传统文化中的伦理本位社会、中央集权的"大政府主义"、司法的宗法伦理特征和崇公抑私的公私观念，及其对现代产权发展的制约，造成中国现代产权的"公""私"难分和产权残缺，更进一步诱发了中国企业股权的若干独特现象，我们称之为中国企业的股权"异象"。研究报告归纳和总结了中国企业股权所表现出来的股本异象、股东异象、持股异象和控制权异象。在此基础上，重点讨论并提出了与中国企业股权异象相关的一些新的研究方向。研究报告期望有助于学术界从历史与现实、产权文化与制度方面更深刻地理解中国企业公司治理和经济增长的特征，并拓展有关产权、股权结构与公司治理等关系的研究。

我知道蔡贵龙当时正与其他教师合作一些专题性的案例和实证研究，对一些具体的课题介入也稍早。但作为博士生的起步学术训练，我还是要把他拉回来，给他出了一个稍大的课题，希望他能在"四项功力"上下足功夫、补足基本功的功课。

二是对股权结构理论研究的进一步探索。在撰写这篇论文之前，对中国企业的股权结构我们开展过一些研究，承担过国家自然科学基金（NSFC）面上项目"股东关系的形成与股权交易中股东合谋研究"和"关联股东的治理角色研究"，也发表了""从股权结构到股东关系"等系列论文，但总觉得有些问题没有阐述清楚，尤其是对中国企业股权特征的研究缺乏一个综合性的分析框架。这篇论文主要是试图提供一个包括股东、股本、持股和控制权四个维度的企业股权特征综合分析框架。我们认为，股权特征应从股东、股本、持股和控制权四个维度加以解构。股东和股本分别构成了企业股权的出资主体和出资实质，持股是股权的表现形式，而根据实质重于形式的原则，股东的控制权在实质上更能体现股东在公司的影响力。股东、股本、持股和控制权这四个维度既紧密相连，又逐层递进。具体到我国企业，股权特征分别在四个维度表现出相应的特征：股东维度有关联股东和隐形股东现象、股本维度有民企资本原罪和国企政策性股本问题、持股维度表现为"一股独大"与复杂的金字塔持股特征、控制权维度则表现为内部人控制和政府控制特征。

股权结构的设计对于当前正在深化的"混合所有制"改革具有一定的启发作用。国企在进行混合所有制改革时需要考虑如何协调各类股东的利益冲突、如何确保新引进股东的出资及合法性、采用何种股东之间的持股比例格局、如何维持企业的控制权，等等。只有从股权特征的四维度出发思考企业股权设计才能系统地、科学地改造企业的股权结构。

企业股权特征的综合分析框架
——基于中国企业的现象与理论[①]

魏明海 蔡贵龙 程敏英

一、引言

股权特征是影响公司治理的基础性因素（La Porta et al., 1999）。越来越多的学者认识到股权特征不是外生的，而是政治、经济、法律和文化等因素共同作用的内生结果（陈信元等，2004）。股权与产权密切相关。现有文献对我国企业的产权制度及其导致的股权特征仍缺乏系统、深入的分析。相反地，大量研究我国企业的文献更多是套用西方成熟的理论解释中国的问题（牛建军等，2009），以致对中国企业股权的特征至今仍未解释清楚。

股权结构是股东权利在股东之间分配的结果（陈信元等，2004）。我们认为，股权特征可以从股东、股本、持股和控制权等四个维度加以解构。股东和股本分别构成了企业股权的出资主体和出资实质，持股则是股权的表现形式，而根据实质重于形式的原则，股东的控制权在实质上更能体现股东在公司的影响力。股东、股本、持股和控制权这四个维度既紧密相连，又逐层递进。从国内外相关研究文献看，股权结构的研究主要包括对股东或最终控制人的类型

---

① 本文刊登于《会计研究》，2016年第5期。

(Villalonga & Amit, 2006)、持股方式及比例(La Porta et al., 1999; Claessens et al., 2000; Faccio & Lang, 2002)、最终控制人实现控制的方式(Khanna & Palepu, 2000)、现金流权与控制权分离(Bae et al., 2002; Baek et al., 2006)等的形成原因和经济后果的研究。然而,现有文献大多针对其中某一个或两个维度进行分析,较少从股权结构的四个维度出发对股权结构进行全面的考察。这些研究暗含的一个假设是其他股权特征在不同的公司间具有同质性,即对公司治理不具有边际影响,这显然与现实相悖。因此,本文将基于我国企业的现状,搭建包括股东、股本、持股和控制权四个维度的企业股权特征综合分析框架。首先是透过现象,描述与归纳出刻画我国企业股权特征的四个维度及其具体特征;然后基于我国企业产权残缺的制度背景,从理论上对我国企业股权的四个维度特征进行解释;在此基础上,还探讨了运用企业股权特征综合分析框架进一步开展股权结构研究需要重点关注的若干变化。

二、企业股权特征综合分析框架的提出:现象描述与归纳

股东、股本、持股和控制权是股权特征分析的四个基本维度。下面分别从这四个维度系统地归纳我国企业现阶段呈现出的股权特征,目的在于全面厘清企业的股权特征。

(一)股东维度

我国企业普遍存在关系股东现象(包括关联股东和隐形股东)(程敏英和魏明海,2013)。在面临融资约束、监管舆论的外部环境

下，控股股东倾向于把公司各级权力部分配置给相关的股东，使其获得超额权力。股东通过各种社会关系资源构建复杂或隐蔽的关系网络，造成企业产权主体的模糊、监督难度增大，并可能诱发股东的投机行为。

1. 关联股东

关联股东指与控股股东存在关联关系或一致行动人关系的股东，包括产权关联、亲缘关联、任职关联或一致行动人协议的股东（魏明海等，2013）。对不同产权的企业，关联股东的形成和表现不同：

国有企业由于早期的脱困、改制、行政干预等因素，形成了复杂的股东关联关系，表现为关联股东间的产权同源和行政同源。产权同源的关联股东受到同一最终控制人控制，而行政同源的关联股东表现为同属同一政府或其他行政机构管辖。国有企业改制过程中"轻改组、重上市"的思路表现为：国有企业一般将核心资产剥离出来组建上市公司，把不良资产放在存续企业，由此产生了大量产权同源的关联股东。地方政府为了推动当地企业上市，组织当地各种资源，搭桥牵线，投资入股，则形成了行政同源的股东网络。

以家族式组织为主要形态的民营企业，受到传统儒家"关系治理"的影响，常常形成并表现为血缘、亲缘和地缘等关联股东。民营企业"三缘"关联股东的存在，一来可以满足《中华人民共和国公司法》规定的设立股份公司发起人个数下限的条件；二来家族成员股东更易获得彼此的信任与认同（魏明海等，2011），为企业发展带来融资优势（Almeida & Wolfenzon，2006），并在相应的管理权威配置下发挥更强的作用，提高家族企业的市场价值。

2. 隐形股东

当公司事实上的终极股东与实际披露或法律认定的股东不一致（一般不在公司股东名册中登记注册），且事实上的终极股东难以被识别时，该公司便存在隐形股东现象，而这些事实上的终极股东便是该公司的隐形股东。

我国企业隐形股东主要表现为影子股东、挂名股东与隐名股东。影子股东指未实际出资但拥有公司股份，且未在股东名册登记注册的股东，而是以他人名义占有公司股权，或干脆用另外的文字载体、口头协议等约定享受企业收益，因此俗称"干股股东"。挂名股东与隐名股东是相对应的两个概念。挂名股东指在公司设立过程或股权转让中产生的虽然具备股东法定形式要件，但其名下出资为他人所有（即隐名股东），缺乏出资实质要件的股东。隐名股东指虽然投资人实际认购出资，但并未在股东名册登记注册，股东名册登记为他人（即挂名股东），而不具备股东资格形式特征的出资人。

隐形股东的形成有着深层的制度因素，表现出来的情况也比较复杂：

（1）"三缘"关系形成的隐形股东。对民营企业来说，由于民营企业的社会关系依赖性及超经济特性（即血缘、亲缘和地缘"三缘"），通过搭建社会关系网络隐蔽性地控股公司成为一些民营企业的选择。同时，法律对公司注册时的股东人数有严格的限制，当低于公司设立股东人数下限或高于股东人数上限时，这部分股东就只能通过隐名的方式，由他人挂名持有股份。因此，挂名股东与隐名股东在民营企业较为常见。

（2）"职工持股会"形成的隐形股东。职工持股会是国企产权制度改革的产物，通过将职工利益与企业利益绑定在一起，能够提高职工工作的积极性。而由于管理层在员工持股会中的股份并不公开，部分隐形股东因此形成。例如，海尔集团的实际控制人是由内部持股会更名而来的海尔集体资产管理协会，张瑞敏是其法定代表人，但其所持的具体股份并未公开。在非上市公司中，通过职工持股会隐蔽地控制公司的情形并不鲜见。

（3）部分国家公职人员参与形成的隐形股东。由于法律上规定国家公务员禁止参与公司经营和投资入股，且公职人员拥有较大的权力并控制着较多资源，在巨大的经济利益驱使下，一些公职人员往往通过隐名股东的方式设立公司以谋求利益。例如，周雪光（2005）发现，改革初期，一些国有企业厂长常常把生产业务转手介绍到其亲戚或朋友办的私有企业去，以避免假公济私的嫌疑。此外，通过送"干股"的形式贿赂公职人员成为官员寻租的隐蔽形式。由于公职人员掌握大量的经济和政治资源，越来越多的民营企业采取"送股"的方式贿赂公职人员，出于规避法律限制，这些公职人员一般不直接持有股份而由他人代持，因而成为了"影子股东"。

（二）股本维度

股本是股东出资的证明。股东通过向企业投入资本而拥有对企业产权的要求权。在我国，民营企业与国有企业发展初期在股本上均程度不同地存在不规范，甚至违法的情形。

1. 民企资本"原罪"

由于对民营企业的所有权歧视，民企迅速发展的背后往往伴随着各种违法或不当行为，民企"原罪"问题因此形成，并成为争论的焦点。我国经济理论界对"原罪"的定义与如何对待民企"原罪"问题分歧很大（郑红亮和吕建云，2008）。然而，部分民营企业在初创和经营中从事偷税漏税、制假贩假、走私贩私、侵吞国有资产等违反社会主义市场经济和法制基本原则的行为却是不争的事实，这些行为常被认定为民企的"原罪"。本文将企业设立初期（或上市初期）与企业资本（股本）等相关的违法违规行为定义为企业的股本"原罪"。股本"原罪"问题在民营企业较为普遍，主要包括以下情形：

（1）企业设立初期的虚假出资、虚报资本或抽逃资本等行为。这类资本"原罪"及国企民营化过程中存在的国有资产流失等问题或其他案件涉及的资本违法违规行为比较明显，因此在法律上争议不是很大。

（2）民企成立初的"红帽子"问题。"红帽子"企业指企业实质由私人资本投资设立，却在法律形式上注册为公有制企业（包括全民所有制和集体所有制），或挂靠在公有制企业之下。民企"红帽子"问题争议较大，也是民企发展过程中普遍存在的一个问题。1989年，中国科学院经济研究所曾对江苏、浙江、广东等乡镇企业发展快的省市进行访问调查，发现调查户中1/3以上的企业是挂乡镇企业牌子的私人企业。1994年国家工商局抽样调查发现83%的乡镇企业实际上是私营企业。2004年通过的宪法修正案明确规定"国家保护个体经济、私营经济等非公有制经济的合法权利和利益"，从法律上确认了私有产权的合法地位，消除了私营企业"红帽子"问题产生的土壤（郑红亮和吕建云，2008）。但由于民企的政治依赖性及"红帽子"导致的产权纠纷迟迟未解决等原因，很多民企仍未"摘帽"。民企资本"原罪"导致其产权存在较大的不确定性和模糊性，不仅随时可能成为当地政府收缴或剥夺企业主权利的正当理由（郑红亮和吕建云，2008），还常常导致企业产权的纠纷，使公私产权的权益受到不同程度的损失。

2.国企政策性资本

国有企业的资本大部分源于政府部门的出资。政府通常以土地所有权、政策性贷款、财政资金，甚至"白条"等出资方式对国企进行出资和注资，形成了国有企业的政策性资本。由于地方政府的权力较大且缺乏制衡，政府在为国有企业出资和注资的过程中也存在着一系列不规范的行为。

（1）土地使用权出资。土地使用权是企业重要的资产。国有企业的土地一般通过各级政府行政划拨得到，划拨得到的土地却不能作为企业的资本正常使用，其权能受到政府的严格限制。国有企业无法对划拨得到的土地进行自由处置、获取收益权及对外担保等，而政府能够随时对划拨的土地进行征收，且无需任何补偿。政府划拨的土地实质上是一种政策支持，并不能作为政府对国有企业的出资。但是，政府能够通过出让土地使用权的方式实现对国有企业的投资入股，于是可能存在以下国企资本问题：第一，国有企业对取得的划拨土地实际上没有相应的权利，可能误导企业利益相关者的相关决策（比如企业债权人的借款决策，划拨土地在企业破产清算时不能作为清算资产，导致债权人利益受损）。第二，只要政府主观上愿意，政府随时可以将划拨的土地通过出让的方式对国企投资入股，加大对国有企业的控制。第三，土地的估值及增值可能受到政府的影响，而在土地不断增值的情况下，政府拥有的股权权利也在相应地增大。第四，政府有时取得的土地缺乏必要的合法程序，国有企业取得的这部分土地使用权存在很大的不确定性。

（2）政策性债转股。国有企业资本的另一个重要来源是银行贷款。由于金融资源受到政府的严格控制，银行常常在政府压力下为国企提供贷款支持。国有企业的发展经历了从"拨改贷"到"贷改投"的过程，即国有企业资金形式从最初的国家财政预算内拨款到银行贷款，再从银行贷款转为国家对国有企业的投资入股。尽管"拨改贷"政策已经停止使用，但其遗留下来的问题至今仍然存在，"拨改贷"资金的产权归属经常会引起相应的纠纷。例如，白鸽股份在2006年便因迟迟未将5200多万元的政府"拨改贷"资金转为国家资本金，而被有权代行国家资本金出资人角色的中国机械工业集团公司告上法庭。

（3）财政资金注资。政府向国有企业直接注资在我国是普遍现象。2008年，为了降低航空企业资产负债率过高的问题，政府分别注入东方航空和南方航空30亿元的国家资金；2012年，为了挽救经营亏损的电力企业，电力企业成为国有资本注资的重点对象。国家不断向国企注资，帮助其做大做强，不仅堆出了部分国企"虚弱"的强大，还将挤压民营经济的发展空间，造成国有企业和民营企业产权的不公平竞争。此外，国有资本习惯性注资将强化国企高管的预期：在企业经营发生重大亏损时，政府注资将快速改善企业的财务状况，这将加大国企高管的代理问题。

（4）"白条"换股。国有股东也存在"白条"换股的现象。正如民营企业在发展初期普遍存在虚假出资、虚报资本或抽逃资本等股本"原罪"问题，无本经营、出资不实、"白条"换股等问题在国企表现得有过之而无不及。尽管经过一系列的政府"清理整顿"，但国有企业"白条"换股和出资不实等行为仍屡禁不止，并造成了众多企业产权纠纷案件。然而，相比于民企"原罪"问题得到法律的严格监控和处罚，国有股东发展初期存在的虚假出资或出资不足等问题却很少得到法律的处罚。

（三）持股维度

1.一股独大与关联持股

"一股独大""超级股东"的现象在我国普遍存在。经作者统计发现，2003~2012年间上市公司控股股东的持股均值在37.84%左右，中石油的大股东在2013年持股甚至高达86.35%，表明"一股独大"

是上市公司长期普遍的现象。本文进一步收集关联股东的持股比例，在考虑关联持股的情况下，控股股东的持股均值增至41.61%。此外，国有企业（民营企业）的控股股东持股均值为40.79%（32.80%），而考虑控股联盟后其持股均值高达43.25%（38.11%）。国有企业控股股东"一股独大"问题显得更加严重。如果考虑企业隐形股东问题和众多非上市公司，"一股独大"将更加突出。

单纯强调企业股权结构"一股独大"这一笼统的特征还不足以描述我国企业股东持股的具体状况，为此需要进一步分析"一股独大"的内部结构特征。

在我国企业治理实践中，通常存在三个重要的表决权比例临界点：1/3、1/2和2/3。一般而言，持有出席会议的股东所持表决权或全体董事的1/3，便能对相关事项持有一票否决权；持有出席会议的股东所持表决权1/2或委派董事占半数以上，便能在股东大会或董事会的一般事项决议中持有绝对话语权；持有出席会议的股东所持表决权2/3以上或委派董事占2/3以上，便能对公司合并、增减资本、修改章程、由董事会审批的对外担保等重大事项有绝对话语权。因此，以上三个表决权比例临界点成为控股股东持股的重要参考点。程敏英和魏明海（2013）的研究发现，控股股东通过关联股东安排使得其表决权比例分别接近绝对话语权（1/2）和对重大事项的绝对话语权（2/3）临界点。

2.复杂的金字塔持股

金字塔股权结构指一个终极控制性股东通过控制一家公司，后者又控制另一家公司,如此类推,位于金字塔最上层的控制性股东与底层的公司形成由多个层级构成的控制链结构。

作为股东持股的一种方式,金字塔股权结构在世界范围内普遍存在(La Porta et al.,1999;Masulis et al.,2011)。作为转型经济国家,我国企业金字塔股权结构现象表现得更加突出。刘芍佳等(2003)发现,75.6%的上市公司由国家通过金字塔式控股方式实施间接控制,金字塔式持股结构在国有上市公司中极为普遍。上海证券交易所研究中心(2005)对沪市民营上市公司的研究也表明,90.19%的沪市民营上市公司采取金字塔式持股结构。此外,金字塔股权结构在企业集团表现得更加复杂。截止到2011年,我国约76%的上市公司附属于企业集团。处于企业集团的上市公司,往往被安置于不同的金字塔层级,形成了复杂的股权结构。本文统计了我国2003~2012年的系族企业集团内上市公司的层级数据,发现90.3%的系族企业处于金字塔结构,大部分系族企业处于金字塔层级的第2层和第3层,且最复杂的金字塔结构的层级总数高达8层,表明我国金字塔结构的普遍性和复杂性。

(四)控制权维度

在"一股一票""同股同权"的原则下,股东持股比例决定了其对企业的控制权大小。然而,关联股东的存在导致股东权利的超额配置(程敏英和魏明海,2013),隐形股东的存在则导致名义股东权利的"有名无实",以及(真实)隐形股东权利的隐蔽性存在。关联持股与金字塔结构进一步加剧了我国企业控制权的复杂性,最终表现为企业的内部人控制和政府控制问题。

1. 内部人控制

内部人控制指管理层不持有本企业股权，不是企业法律上的所有者，却通过其他途径掌握了企业的控制权。内部人控制是经济转轨过程所固有的一种潜在现象（青木昌彦，1994）。计划经济制度的停滞迫使官员下放权力，企业经理获得了不可逆的管理权威，而中央计划经济解体后留下的制度真空，进一步加强了企业经理的权力。由于转轨经济过程中缺乏竞争、有效的资本市场和经理人市场，公司外部治理机制比较软弱。内部管理层和企业职工基于共同利益形成联盟或相互"勾结"，导致内部治理机制的失灵，造成严重的内部人控制问题。概括地说，我国企业内部人控制的表现形式主要包括：

（1）部分国企高管行政级别导致的超额权力。国有企业领导人既是企业高管，也是政府行政官员。国企高管的行政级别制度使得高管在企业内部拥有超额权力。由于国有企业董事长和总经理的行政级别在企业内部通常最高，处于下级的监督力量很难对董事长和总经理发挥监督和权力制衡的作用。典型的结果便是这些国企高管利用职务便利谋取私利等高管腐败行为。例如，前中石化总经理陈同海，在其任职期间利用职务便利，在企业经营、转让土地、承揽工程等方面为他人谋取利益，收受他人钱款共计人民币1.9573亿余元。

（2）超额薪酬和过度的在职消费。内部人控制的突出表现形式是高管的超额薪酬。国有企业高管的薪酬名义上由股东和董事会决定，实际上却是公司高管"自己激励自己"。由于国企高管在企业内部拥有超额的权力，高管常常自己设计激励组合，以获取较高的货币性收益，甚至不需要通过盈余管理迎合董事会的激励要求（吕长江和赵宇恒，2008）。由于高管薪酬受到政府的严格控制，高管转而通过在职消费弥补被削减的利益，国企高管过度的在职消费成为内部人控制的另一表现形式。

（3）内部人控制与大股东控制交织作用。在"一股独大"的股权结构下，企业内部人控制通常与大股东控制交织在一起，相互渗透，形成"你中有我，我中有你"的局面。民营企业高管大多由控股家族成员或与家族有密切关系的人员担任，容易形成高管与大股东合谋侵占中小股东权益等问题。因此，我国民营企业内部人控制往往是大股东控制的产物，这和西方国家股权分散情况下的内部人控制有所区别。

2.政府控制

政府控制指行使行政职权的政府官员利用直接或间接的权力，对企业领导及经营决策进行控制，从而影响企业领导人做出不一定符合经营原则的决策。政府控制不仅削弱了企业经营者长期决策和股东投资的积极性，也可能导致政府官员的创租，及经营者与行政官员的合谋以侵占公司财产（禹来，2002）等问题。在我国特殊的制度背景下，不仅国有企业普遍受到政府的控制，民营企业也存在政府控制的问题，并且两者表现出不同的形式：

（1）国有企业受到政府部门的"隐性控制"。国有企业通常由政府指派相应的机构行使委托人职能。2003年，为了推进国有企业的改革和重组，完善公司治理结构，政府成立国有资产监督管理委员会（以下简称"国资委"），代表国家行使管理职能。同时，成立国有资产经营公司，负责国有企业经营职能，形成了"国资委——国有资产经营公司——国有企业"的股权控制链。然而，国有企业政府控制问题并非只能通过股权结构进行。国资委通过股权结构对国有企业行使监督管理职能，而实际上，大多数国有企业除了受到法定大股东（国资委）的"显性控制"外，还受到其他政府机关和党政部门的"隐性控制"，地方国资委并不是独立的。因此，国有股东的权利配置和行使都是不完整的，国有企业股东的重大决策权受到地方政府领导人或行政部门的影响。

（2）民营企业主向政府出让部分控制权以换取保护。由于产权保护等制度缺乏或不完善，关系机制（如政治关系）往往成为民营企业的替代保护机制（Allen et al., 2005）。民营企业主或集体所有的企业通过向地方政府出让或放弃部分产权以换取一种长期、稳定的组织间关系，从而建构一个稳定有利的生存环境（周雪光，2005）。例如，企业常常向地方政府支付超过正常税收外的各种摊派费用，为地方政府所重视的项目捐赠投资（李四海，2010），企业对资产所得收入的支配权被削弱了。

（3）政府通过产业政策间接控制民营企业日常经营决策。由于政府权力较大，民营企业主的发展经常受到来自政治体制和政府管理机构及资源分配使用等方面的制约（李宝梁，2001）。政府通过出台产业限制政策或法律法规等更加隐晦的方式能够影响企业的日常经营决策，甚至剥夺企业的经营权。

三、我国企业股权特征综合分析框架的理论解释

作为一个经济转型国家，产权残缺是我国企业普遍存在的一个问题（李稻葵，1995；周雪光，2005；Zhou，2011），主要体现在三个方面：第一，政府干预、寻租行为依然存在。政府习惯性地干预市场经济活动，企业产权受到政府部门的约束和控制。部分政府官员为了追求个人私利，利用权力创租寻租。寻租的过程是对现有产权的重新分配，部分企业通过寻租谋取产权保护往往会削弱其他企业的产权，制约了整个社会的产权和经济发展（Hellman et al.，2000）。第二，执法权力配置依然呈现出"重行政、轻司法"的特征（黄韬，2012）。司法部门长期受制于行政而难以独立（夏锦文，2004），使得司法体系难以对权力部门侵犯产权等活动进行规制，"司法弱化"限制了我国现代产权制度的发展。第三，民营企业依然存在一定程度的制度歧视。民营企业在资源的获取（比如银行信贷）、行业的准入、竞争手段的选择等产权主体应有的权利上都受到多种限制，其产权权能得不到应有保障。

制度对经济的正常运作至关重要，尤其是明晰的产权制度。产权作为一种社会工具，其重要性就在于产权能帮助个人形成他与其

他人进行交易时的合理预期（Demsetz，1967）。如果市场参与者无法对未来交易形成稳定的预期，参与者将偏好于短期决策，这将导致市场种种短期投机行为。因此，产权残缺会扭曲和异化产权主体的行为并导致资源的无效配置（Furubotn & Pejovich，1972），甚至不利于国家经济的发展（North，1990）。值得注意的是，在我国经济转型过程中，"产权残缺"一定程度上也是企业或个人主动实施的，对组织所处环境的积极适应（Zhou，2011）。产权并非越明确越好，在某些情况下，模糊的产权比清晰界定的产权更有效率（杨小凯与张永生，2000）。李稻葵（1995）也提出，产权模糊是企业家在市场不完善的转型经济下自愿选择的结果，短期内相对有效，但从长远来看，模糊的产权安排是低效的。

作为附着于物上的"权力束"，产权在微观企业中表现为剩余控制权和剩余索取权。股东以其出资额为限对企业产权行使相应的权利，是企业产权的主体。股东对企业产权的占有通过持有股权的形式表现出来，不同类型股东的持股比例及其相互关系则形成了企业的股权结构。产权通过预期影响产权主体的行为（Demsetz，1967）。英美等发达国家产权保护较好，公有产权与私有产权界限相对清晰和明确，股东权利得到法律较好的保护，企业的股东行为及其股权结构更多是自由市场交易的结果。而在"产权残缺"的制度环境下，企业产权受到政府影响程度较大，产权模糊和不确定性程度较高，股东行为和企业行为都可能出现异化。

首先，股东作为企业产权的主体，拥有行使企业产权的权利，包括使用权、转让权和收益权。处于转型时期的中国,由于产权保护较弱及制度环境的约束,企业常常通过产权的弱化和妥协来换取与重要资源所有者之间长期稳定合作的关系纽带,构建一个稳定有利的生存环境(周雪光,2005),因此形成了复杂的股东关系网络。其次,由于对私有产权的长期打压,以及预期到私有产权随时可能被剥夺的风险,私有产权主体在产权形成初期可能存在机会主义行为。而由于长期缺乏宪政秩序和法治基础,我国形成了制度化的国家机会主义、统治阶层的假公济私和猖獗的腐败(杨小凯等,2003)。以上因素导致了我国民营企业与国有企业在发展初期均普遍存在不规范或违法行为,尤其是与企业股本相关的行为。再次,在弱产权保护的中国,行为主体有动机利用制度缺陷侵占他人产权,同时也会寻求保护机制维护自身财产权益,这些动机会影响股东的行为表现。"一股独大"和"金字塔持股"是我国产权发展制约下产权主体的理性选择,既是在弱产权保护下投资者自我保护的替代机制(Shleifer & Vishny, 1986),也是在弱产权保护下侵占他人产权的便捷渠道(Johnson et al., 2000)。最后,由于我国产权保护较弱及国有企业的产权虚置,"放权让利"的国企改革常常导致企业内部人控制。而由于计划经济时代遗留的政府干预惯性,企业常常受到政府各种显性或隐性控制,形成了企业的"政府控制"现象。

综上所述,政府干预、司法弱化和产权歧视等因素导致中国企业的产权残缺问题,而产权残缺的制度背景则分别从股东、股本、持股与控制权四个维度异化企业的股权特征,表现出一些特定的股权现象,包括关联股东与隐形股东、民企资本原罪与国企政策性资本、一股独大与金字塔持股、内部人控制权与政府控制等（如图1）。

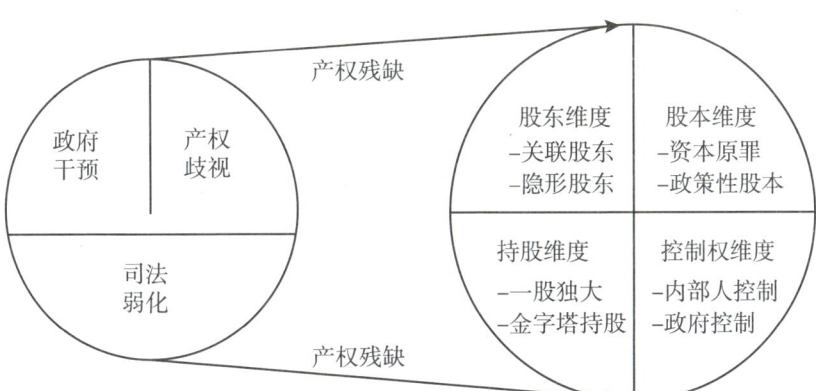

图1 我国企业股权特征综合分析框架的理论分析

四、企业股权特征综合分析框架的应用：新的关注点与研究方向

股权特征对企业管理层与股东行为、公司治理机制均产生重大的影响，是公司治理的基础。本文归纳形成的企业股权特征综合分析框架，不仅是对我国企业实践的总结，还有助于启迪并促进以下新的研究。

股东维度：从显性关系到隐性关系拓展，更加关注关联股东和隐形股东的影响。关联股东的研究近年来逐渐受到关注（魏明海等，2011；程敏英和魏明海，2013），隐形股东则一直被学术界忽视。当股东通过隐性契约退居二线，幕后控制企业时，隐形股东由于缺少监督，自然可以低成本地从事一些投机活动。首先，由于股东间关系的复杂化和隐蔽性，控股股东的"掏空"问题成为我国公司治理的一大难题。因此，隐形股东有助于解释企业的"掏空"问题。其次，西方文献认为股权制衡能够制约和监督大股东，改善公司治理，然而国内学者却普遍发现股权制衡在公司治理的失效（朱红军和汪辉，2004；徐莉萍等，2006）。当存在关联股东和隐形股东时，表面制衡的股权结构安排，可能是大股东从事合谋的"掩人耳目"手段。因此，隐形股东也可能有助于解释制衡失效和股东合谋等问题。最后，隐形股东的存在可能会威胁企业会计信息的披露质量。以关联交易信息披露为例，隐形股东的制度安排可能规避关联交易信息的披露要求和关联交易的法规约束。在存在隐形股东的企业中，公司会计信息披露质量是否更低？其信息披露策略是否存在差异？关注关联股东和隐形股东不仅有助于解释会计信息披露质量的差异，还有助于完善信息披露的监管。

股本维度：从名义资本投入到真实资本投入，重新审视股东行为。首先，民企资本"原罪"问题导致民企产权存在较大的不确定性和模糊性，一方面，股东将表现出更多的短期行为和机会主义倾向，"原罪"问题能够解释企业存在的"掏空"、利益输送等公司治理乱象；另一方面，股本的不确定也增加了企业股权融资的风险和成本，我国企业呈现"重银行信贷、负债融资，轻股权融资"的融资结构也可能受到资本"原罪"问题的影响。其次，寻求产权保护是企业海外上市的动机之一（Reese & Weisbach，2002）。通过在投资者和产权保护较好的国家或地区上市，股东权利能够得到更好的保护，企业的市场价值也较高（Doidge et al., 2003）。资本存在较高的不确定性促使更多的企业通过海外上市寻求自身权益的保护。因此，"原罪"问题很可能在较大程度上影响企业海外上市的决定。同样地，出于对自身产权保护缺乏安全保障的预期，越来越多的企业家通过海外移民将资产转移到国外产权保护较好的国家。"原罪"问题对企业家移民行为的解释力度多大？如何留住企业家人才？这些问题都值得学术界给予更多关注。最后，不同于西方国家企业的股东出资方式，我国企业股东的出资形式多样且复杂。如何从会计上对股东出资的方式、范围和作价等进行界定以更好地体现股东出资的实质？对这些问题的回答有助于界定股东的出资权，并规避日后股东间产权纠纷案件的发生。

持股维度：从直接的持股比例延伸到重要持股节点和持股层级，深化对重要持股节点和持股层级动机和影响的研究。"一股独大"、金字塔持股等问题已经得到较多的研究。然而，仅仅关注"一股独大"仍显得比较笼统，难以细致地分析中国企业的持股表现。在一些重要的表决权比例临界点附近，股东间关系更加微妙，股东行为也可能存在激烈的变化。因此，关注这些重要持股节点才能更完整地解释"一股独大"的问题。此外，关于金字塔结构的形成及其动态演变过程等的研究仍然较少（Almeida et al., 2011），我国企业复杂的金字塔结构既提供了一个好的研究背景，也要求我们对金字塔结构的形成机理进行更加深入的研究。

控制权维度：从"同股同权"拓展到股权与控制权的背离，更加关注企业的控制权安排及其影响。理论上，股东的持股比例决定了其在公司的控制权大小，但如果存在内部人控制和政府控制问题，股东的控制权与股权可能存在冲突，控制权争夺成为我国企业公司治理的一个突出问题。研究我国企业的股权结构，仅从持股的角度分析是远远不够的，还应关注企业的控制权安排。一方面，当股东的控制权与所有权不匹配时，控制权私利不可避免。在存在内部人控制和政府控制问题的企业中，控制权私利是否更加严重？企业的真实控制人如何识别？通过怎样的控制权安排和信息披露，控制权问题诱发的代理问题能得到有效的缓解？回答以上问题，对完善我国公司治理具有重要的意义。另一方面，政府对企业的隐性控制是我国企业的一种特殊治理现象。尽管政府对企业的显性控制已得到了较多的关注，政府对企业的隐性控制仍少有研究。政府官员的腐败与企业家的寻租行为是我国政府和公司治理的一个"顽疾"，严重制约了公司治理生态环境的构建和发展。政府的隐性控制如何影响政府官员、企业股东和高管的行为？是促进还是削弱了企业价值？这些问题都值得进一步的关注。

主要参考文献

[1] 程敏英，魏明海. 关系股东的权力超额配置 [J]. 中国工业经济，2013（10）：108-120.

[2] 李稻葵. 转型经济中的模糊产权理论 [J]. 经济研究，1995（4）：42-50.

[3] 魏明海，程敏英，郑国坚. 从股权结构到股东关系 [J]. 会计研究，2011（1）：60-67.

[4] 魏明海，黄琼宇，程敏英. 家族企业关联大股东的治理角色——基于关联交易的视角 [J]. 管理世界，2013（3）：133-147.

[5] 周雪光. "关系产权"：产权制度的一个社会学解释 [J]. 社会学研究，2005（2）：1-31.

[6] 郑红亮，吕建云. 中国私营经济发展30年：理论争鸣和改革探索 [J]. 管理世界，2008（10）：20-27.

[7] Allen, F., J.Qian, and M.Qian.2005.Law, Finance and Economic Growth in China.Journal of Financial Economic, 77（1）：57-116.

[8] Demsetz, H.1967.Toward a Theory of Property Rights.American Economic Review, 57（2）：347-73.

[9] Furubotn, E., and S.Pejovich.1972.Property Rights and Economic Theory：A Survey of Recent Literature. Journal of Economic Literature, 10（4）：1137-1162.

[10] La Porta, R., F., Lopez-de-Silanes, and A., Shleifer.1999.Corporate Ownership around the World.Journal of Finance, 54（2）：471-517.

第五部分

学习与主要工作经历

一、学习经历

1972年1月~1976年7月
江西省安远县鹤子公社平富小学

1976年9月~1978年7月
江西省安远县鹤子初中

1978年9月~1980年7月
江西省安远县安远中学

1980年9月~1984年7月
江西财经学院(现为江西财经大学)财会系商业会计专业,获经济学学士

1985年9月~1986年7月
厦门大学经济学院会计学系进修

1986年9月~1991年6月

厦门大学经济学院会计学系硕士、博士研究生,获经济学博士学位

1998年5月~1999年8月

美国杜兰(Tulane)大学商学院MBA学习,获MBA学位

2004年8月~2005年7月

美国卡内基梅隆(Carnegie Mellon)大学富布赖特研究学者(Fulbright Scholar)

二、教学科研经历

1984年7月~1985年8月
江西财经学院（现为江西财经大学）财会系助教

1991年7月~1992年9月
中山大学管理学院讲师

1992年10月~1994年11月
中山大学管理学院副教授

1994年12月至今
中山大学管理学院教授

1998年12月至今
中山大学管理学院博士生导师

三、管理服务经历

1993年11月~1996年5月

中山大学管理学院会计审计系主任

1996年6月~1999年12月

中山大学管理学院副院长

2000年1月~2004年5月

中山大学管理学院院长

2004年6月~2010年6月

中山大学国际合作处处长

2007年3月~2013年3月

中山大学产业集团董事长（2007年3月~2007年8月兼任中山大学产业集团总经理）

2008年3月~2011年8月

中山大学校长助理

2011年9月~2016年9月

中山大学党委常委、副校长

2016年9月至今

广州大学党委副书记、校长

四、主要社会服务工作

1. 学术期刊

2009年1月至今

China Journal of Accounting Research（CJAR），联合主编

1999年7月至今

China Accounting and Finance Review（CAFR），编委

2006年11月至今

《中国会计评论》理事会成员

---

2. 学术组织和社会服务

2018年1月起

广东省第十二届政协委员

2017年至今

广东省学位委员会委员

2014年至今

国务院学位委员会工商管理学科评议组成员

2013~2017年

全国工商管理专业硕士教学指导委员会副主任委员

2012年至今

广东省社会科学联合会兼职副主席

2009年至今

财政部企业内部控制标准委员会委员

2006年至今

中国会计学会常务理事

2004年至今

财政部会计准则委员会咨询专家

2003~2006年

国家自然科学基金委员会管理学部评议组成员

2003~2006年

全国MBA教学指导委员会委员

---

3. 上市公司服务

2011年9月前，先后担任南方航空、保利地产、粤高速、广州控股、香江控股等上市公司的独立董事。

第六部分
科研项目与奖项

一、主持的主要科研项目

1.国家自然科学基金（NSFC）面上项目：盈余公告前漂移的形成机理研究，RMB 500000，2018~2021。

2.国家自然科学基金（NSFC）面上项目：关联股东的治理角色研究，RMB 620000，2013~2016。

3.国家自然科学基金（NSFC）面上项目：股东关系的形成与股权交易中股东合谋研究，RMB 350000，2010~2012。

4.国家自然科学基金（NSFC）重点项目：投资者保护会计控制研究，RMB 900000，2007~2010。

5.国家自然科学基金（NSFC）面上项目：基于商业周期的公司财务战略研究，RMB 142000，2004~2006。

6.国家自然科学基金（NSFC）面上项目：盈利管理研究，RMB 72000，2001~2003。

7.国家社科基金项目,会计可比性测量及相关政策研究,RMB 70000,2006~2008)。

8.财政部会计名家培养工程项目:会计与关联契约治理研究,RMB 400000,2014~2016。

9.财政部重点会计课题:世界主要国家内部控制比较研究,RMB 50000,2006~2008。

10.财政部重点会计课题:会计准则制定:原则导向或规则导向,RMB 40000,2003~2005。

11.教育部高校青年教师奖项目,会计政策的经济后果研究,RMB 300000,2003~2005。

12.教育部人文社会科学项目,RMB 30000,2001~2003。

13.广东省人文社科重点研究基地项目:RMB 80000,2008~2009。

二、主要教学科研奖项

1. Minying Chen, Bingxuan Lin, Minghai Wei, Executive Compensation in Family Firms: The Effect of Multiple Family Members, 获广东省哲学社会科学优秀成果三等奖（通讯作者），2017年。

2. 面向需求、追求卓越，建立多层次国际化人才培养体系，获第七届广东教育教学成果奖（高等教育）一等奖（排名第二），2014年。

3. 入选财政部首批会计名家培养工程，2013年。

4. 《中国上市公司投资者保护研究报告》，获广东省哲学社会科学优秀成果奖二等奖（排名第一），2012年。

5. 国企分红、治理因素与过度投资，获广东省哲学社会科学优秀成果二等奖（排名第一），2009年。

6.国企分红、治理因素与过度投资，获教育部第五届中国高校人文社会科学研究优秀成果奖三等奖（排名第一），2009年。

7.会计信息质量经验研究的完善与应用，获中国会计学会优秀会计学术论文一等奖，2006年。

8.中山大学文科优秀中青年学者，2005年。

9.《盈利管理研究》，获教育部第三届高等学校科学研究优秀成果奖（人文社会科学）二等奖（排名第一），2003年。

10.广东省"五四"青年奖章，2003年。

11.教育部高校青年教师奖，2002年。

12.广东省南粤教坛新秀称号，1997年。

第七部分

著作、教材、论文与咨询研究报告

一、出版的主要著作

1. 吴水澎、魏明海著：《经济效益会计论》，西南财经大学出版社1993年版。

2. 魏明海著：《会计理论新体系探索（一）——会计理论基本结构》，中山大学出版社1994年版。

3. 魏明海著：《会计理论新体系探索（二）——比较会计理论》，中山大学出版社1995年版。

4. 魏明海、谭劲松、林舒著：《盈利管理研究》，中国财政经济出版社2000年版。

5. 魏明海等著：《财务战略——基于商业周期的分析》，中国财政经济出版社2003年版。

6. 魏明海著：《公司高管的会计责任——前世通公司CEO法庭审理分析》，中国财政经济出版社2005年版。

7. 魏明海等著：《管理激励、业绩评价与会计研究》，中国财政经济出版社2006年版。

8. 魏明海等著：《我国会计协调测定与政策研究》，中国财政经济出版社2006年版。

9. 魏明海、柳建华、刘峰著：《中国上市公司投资者保护研究报告》，经济科学出版社2010年版。

10. 魏明海、程敏英、蔡贵龙、黄琼宇著：《中国企业股权结构若干特征研究——理论分析与经验证据》，中国财政经济出版社2018年版。

二、主编或参与编写的教材

1. 参与葛家澍教授主编：《会计基础知识》（第三版）的编写，上海人民出版社1993年版。

2. 参与葛家澍、余绪缨教授主编：《会计学》（高等学校财经类专业核心课程教材，修订本）的编写，四川人民出版社1995年版。

3. 魏明海、王时中：《股份公司会计信息》，收录于葛家澍、裘宗舜主编的《会计信息丛书》（第一辑），中国财政经济出版社1993年版。

4. 钟英祥、魏明海主编：《基础会计》，中山大学出版社1992年版。

5. 魏明海、杨结主编：《酒店财务管理》，广东高等教育出版社1993年版。

6. 魏明海主编：《股份公司会计与财务管理》，广东科技出版社1996年版。

7. 魏明海、谭燕主编：《基础会计学》（第一版），广东人民出版社1998年版。

8. 魏明海、谭燕主编：《基础会计学》（第二版），广东人民出版社2002年版。

9. 李学柔主编、魏明海副主编：《社会审计》（审计署全国审计专业教材编审委员会审定教材），中山大学出版社1997年版。

10. 魏明海、龚凯颂主编：《会计理论》（第一版），东北财经大学出版社2001年版。

11. 魏明海、龚凯颂主编：《会计理论》（第二版），东北财经大学出版社2005年版。

12. 魏明海、龚凯颂主编：《会计理论》（第三版），东北财经大学出版社2009年版。

13. 魏明海、龚凯颂主编：《会计理论》（第四版），东北财经大学出版社2014年版。

三、译作

（美）Joshua Ronen，Varda Yaari 著，漆江娜、路晓燕、饶静、魏明海译，魏明海、漆江娜校，《盈余管理：理论、实践与研究的新发展》，东北财经大学出版社2014年版。

四、发表的论文

1. 魏明海:"会计核心职能的转移和我们的对策",《江西会计》,1984年第6期。

2. 魏明海:"略论社会责任会计的几个问题",《财会探索》,1986年第4期。

3. 魏明海:"论环境会计的基本假设和主要内容",《财会探索》,1987年第5期。

4. 魏明海:"财务与会计关系的实质",《财会信息》,1987年第1期。

5. 彭伟楠、魏明海:"略论改进、完善我国的会计核算体系",《财会探索》,1987年第3期。

6. 魏明海:"再论会计的几个理论问题",《福建电子财会》,1987年第2期。

7. 魏明海:"会计信息面临的十大转变",《河北财会》,1987年第10期。

8. 魏明海:"论管理性劳动——概念及效益分析",《江西财经学院学报》,1987年第4期。

9. 魏明海:"论企业社会成本",《财会审》,1987年第2期。

10. 魏明海:"初论环境污染会计的几个问题",《贵州财政会计》,1987年第3期。

11. 魏明海:"财务管理与会计本质、对象和职能的比较研究",《福建会计》,1988年第7期。

12. 魏明海:"责任会计制度中的行为因素",《广西会计》,1988年第10期。

13. 魏明海、葛家澍:"联系环境、更新观念,研究深化我国会计改革的问题",《厦门大学经济学院首届科学讨论会论文集》,1988年10月。

14. 魏明海："经济效果衡量中会计计量模式的探讨——三种主要价格下会计计量模式的比较"，《山西财经学院学报》，1988年第2期。

15. 葛家澍、林志军、魏明海："涉外会计制度与稳健原则"，《会计研究》，1988年第5期。

16. 魏明海："论会计是信息形式的管理性劳动"，《宁夏财会》，1988年第6期。

17. 魏明海、许晓青："财务会计若干计量问题的探讨"，《当代财经》，1989年第2期。

18. 魏明海、林燕："我国会计工作规范的基本构想"，《安徽会计研究资料》，1989年第2期。

19. 魏明海："论中国企业会计的十大矛盾"，《财经理论与实践》，1989年第4期，《新华文摘》1989年第11期全文转载。

20. 魏明海："联系经济形式和经济体制，分层次研究会计理论问题"，《现代会计》，1990年第1期。

21. Ray Carrol、魏明海、刘峰:"比较会计文化:国际会计研究的基础",《财经理论与实践》,1990年第6期。

22. 吴水澎、魏明海:"试论利益关系调整中的会计改革与会计发展问题",《四川会计》,1990年第10期。

23. 吴水澎、魏明海、刘峰:"企业经济效益与会计理论方法体系的思考",《当代财经》,1990年第6期。

24. 魏明海、易琼:"关于我国会计规范体系的完善问题——兼谈我国会计的社会协调责任和企业内部管理责任",《财务研究》,1991年第1期。

25. 魏明海:"财产保管责任关系、经济利益分配关系和经济资源配置与会计发展",《财贸研究》,1991年第2期。

26. 魏明海:"西方管理会计理论方法体系的演进",《四川会计》,1992年第1期。

27. 魏明海:"论会计理论的基本结构",《会计研究》,1992年第4期。

28. 魏明海:"论会计发展理论",《当代财经》,1992年第8期,《新华文摘》1992年第11期全文转载。

29. 钟英祥、魏明海:"搞活国有大中型企业必须深化企业会计改革",《广东财会》,1993年第3期。

30. 魏明海、黄元生:"研究深化广东财会改革的新举措",《深圳财会》,1993年第5期。

31. 魏明海:"论我国公认会计规范与国际会计惯例接轨中形式与内容的辩证关系",《浙江财税与会计》,1993年第7期。

32. 魏明海:"西方公司财务报告的发展与述评",《财会月刊》,1994年第2期。

33. 魏明海、漆江娜:"企业财务工作若干新问题的思考",《广东审计》,1994年第7期。

34. 魏明海:"建立现代企业制度与深化会计改革",《广西会计》,1994年第9期。

35. 魏明海:"优化结构与提高效率——新时期企业财务管理的两个着眼点",《四川会计》,1994年第9期。

36. 魏明海:"西方两种主要财务会计理论体系述评",收录于《葛家澍教授、余绪缨教授从教五十周年论文集——财务会计理论研究》,厦门大学出版社1995年版。

37. 魏明海、岳勇坚:"适应金融市场发展需要,开展现代公司财务管理",《广东财会》,1996年第1期。

38. 魏明海:"论企业兼并破产及相关的财务和会计问题",《广东财会》,1997年第6期。

39. 魏明海:"经济后果、会计政策选择与会计准则理论",《广东财会》,1998年第2期。

40. 魏明海:"高质量会计准则的标准",《当代财经》,1999年第5期。

41. 魏明海、施鲲翔:"企业举债经营的计划与管理研究",《中山大学学报》(社会科学版),2000年第1期。

42. 魏明海、施鲲翔:"基于商业周期的企业投资战略研究",《当代财经》,2000年第6期。

43. 刘峰、魏明海:"论公司控制权转移——再谈君万事件",《管理世界》,2001年第5期。

44. 魏明海、刘峰、施鲲翔:"论会计透明度",《会计研究》,2001年第9期。

45. Shu Lin, Minghai Wei, The earnings management by Chinese A-share firms in the IPO process, China Accounting and Finance Review, Volume 2, No.2, 2002.

46. 魏明海:"现代公司财务理论研究的新视角",《会计研究》,2003年第2期。

47. 魏明海:"会计协调的测定方法",《中国注册会计师》,2003年第4期。

48. 魏明海:"生产要素按贡献参与分配的管理问题",《中山大学学报》(社会科学版),2003年第5期。

49. 魏明海:"激励中的新公平观",《21世纪经济报道》,2004年6月6日。

50. 魏明海:"任务式激励与战略性激励",《21世纪经济报道》,2004年6月10日。

51. 刘峰、贺建刚、魏明海:"控制权、业绩与利益输送",《管理世界》,2004年第8期。

52. 魏明海:"基于原则的规则导向:中国会计准则制定",收录于财政部会计准则委员会编《会计准则研究文库——会计基本假设与会计目标》,大连出版社2005年版。

53. 胡志勇、魏明海:"财务信息解释能力对价格发现机制的影响",《金融研究》,2005年第5期。

54. 路晓燕、魏明海:"萨班斯法案的实施环境与CEO会计责任的追究——以南方保健公司前CEO法庭审理为例",《会计研究》,2005年第11期。

55. 魏明海:"会计信息质量经验研究的完善与应用",《会计研究》,2005年第6期。

56. 魏明海:"法庭上的CFO与CEO——前世通公司会计舞弊中高管的刑事责任",《新理财》,2005年第7期。

57. 魏明海、万良勇:"我国企业内部资本市场的边界界定",《中山大学学报(哲社版)》,2006年第1期。

58. 魏明海、黎文靖、唐清泉："代理人行使信息权力过程中的会计问题"，《当代经济管理》，2006年第1期。

59. 郑国坚、魏明海："股权结构的内生性：从我国基于控股股东的内部资本市场得到的证据"，《中国会计评论》，2006年第2期。

60. 魏明海、黎文靖、路晓燕："私人信息与CEO会计责任的认定——以前世通公司CEO埃贝斯法庭审理为例"，《审计研究》，2006年第3期。

61. 魏明海、万良勇："我国企业集团内部资本市场的困境与功能实现问题——以三九集团和三九医药为例"，《当代财经》，2006年第2期。

62. 魏明海："强化高管人员对公司舞弊的责任"，《广州日报》，2006年4月19日。

63. 魏明海、黎文靖："信息权利的性质与特征"，《管理学报》，2006年第5期。

64. 陈胜蓝、魏明海:"投资者保护与财务会计信息质量",《会计研究》,2006年第10期。

65. 魏明海、陈胜蓝、黎文靖:"投资者保护研究综述:财务会计信息的作用",《中国会计评论》,2007年第1期。

66. 陈胜蓝、魏明海:"董事会独立性、盈余稳健性与投资者保护",《中山大学学报(社会科学版)》,2007年第2期。

67. 郑国坚、魏明海:"公司治理、公共治理与大股东的内部市场——基于我国上市公司的实证研究",《中大管理研究》,2007年第2卷(2)。

68. 魏明海、柳建华:"国企分红、治理因素与过度投资",《管理世界》,2007年第4期。

69. 郑国坚、魏明海、孔东民:"大股东的内部市场与上市公司价值:基于效率观点和掏空观点的实证检验",《中国会计与财务研究》,2007年第4期。

70. 魏明海、陶晓慧:"会计稳健性的债务契约解释:来自中国上市公司的经验证据",《中国会计与财务研究》,2007年第4期。

71. 蔡宁、魏明海:"政府管制放松与投资者保护",《中山大学学报(社会科学版)》,2008年第1期。

72. 卢锐、魏明海:"薪酬制定的管理层权利理论进展",《经济管理》,2008年第1期。

73. Minghai Wei, Ning Cai and Xiaoyan Lu, Interaction between the establishment of investor protection mechanisms and accounting in China under government deregulation, Journal of Business Administration and Marketing Strategy《商经学丛》(日本),2008年第55卷,第1号。

74. 柳建华、魏明海、郑国坚:"大股东控制下的关联投资:效率促进抑或资源转移",《管理世界》,2008年第3期。

75. 蔡宁、魏明海、路晓燕:"投资者保护变迁与会计改革共生互动性",《会计研究》,2008年第3期。

76. 卢锐、魏明海、黎文靖："管理层权力、在职消费与产权效率——来自中国上市公司的证据",《南开管理评论》,2008年第5期。

77. 贺建刚、刘峰、魏明海："利益输送、媒体监督与公司治理——五粮液案例研究",《管理世界》,2008年第10期。

78. 万良勇、魏明海："集团内部资本市场、银行债务与债权人保护——来自中国上市公司的经验证据",《南方经济》,2009年第1期。

79. 蔡宁、魏明海："'大小非'减持中的盈余管理",《审计研究》,2009年第3期。

80. 万良勇、魏明海："金融生态、利益输送与信贷资源配置效率",《管理世界》,2009年第5期。

81. 郑国坚、魏明海："控股股东内部市场的形成机制研究",《中山大学学报（社会科学版）》,2009年第5期。

82. 魏明海:"股权结构、公司治理与财务管理",《财会学习》,2009年第6期。

83. 路晓燕、魏明海:"会计准则的国际趋同于等效:中国的角色和贡献",《当代财经》,2009年第11期。

84. 季华、魏明海、柳建华:"资产注入、证券市场监管与绩效",《会计研究》,2010年第2期。

85. Satoshi Sugahara, Naohiro Urasaki, Minghai Wei, Gregory Boland, The effect of students' ethics learning experiences to develop ethical reasoning abilities: a comparative study between Japanese and Chinese students, International Journal of Accounting, Auditing and Performance Evaluation, 2010, Vol. 6, No.1.

86. 魏明海、程敏英、郑国坚:"从股权结构到股东关系",《会计研究》,2011年第1期。

87. 魏明海、雷倩华:"公司治理与股票流动性",《中山大学学报(社会科学版)》,2011年第6期。

88. 蔡宁、魏明海:"股东关系、合谋与大股东利益输送——基于解禁股份交易的研究",《经济评论》,2011年第9期。

89. 魏明海、雷倩华、岳勇坚:"盈余质量与交易成本",《会计研究》,2013年第3期。

90. Qianhua Lei, Bingxuan Lin, Minghai Wei, Types of agency cost, corporate governance and liquidity, Journal of Accounting and Public Policy (32), 2013.

91. Minying Chen, Bingxuan Lin, Minghai Wei, How does the relationship between multiple large shareholders affect corporate valuations? Journal of Economics and Business (70), 2013.

92. 魏明华、黄琼宇、程敏英:"家族企业管理股东治理角色研究",《管理世界》,2013年第4期。

93. 万良勇、魏明海:"内部资本市场",收录于《财务管理理论前沿专题》,中国人民大学出版社2013年版。

94. 程敏英、魏明海:"关系股东的超额权力配置",《中国工业经济》,2013年第10期。

95. 黄琼宇、程敏英、黎文靖、魏明海:"上市方式、政治支持与盈余质量——来自中国家族企业的证据",《会计研究》,2014年第7期。

96. Minying Chen, Bingxuan Lin, Minghai Wei#, Executive Compensation in Family Firms: The Effect of Multiple Family Members, Journal of Corporate Finance (32), 2015.

97. 魏明海:"拓展会计的治理角色",《财务与会计》,2015年第20期。

98. 魏明海、蔡贵龙、程敏英:"企业股权特征的综合分析框架——基于中国企业的现象与理论",《会计研究》,2016年第5期。

99. Jingjing Li, Minghai Wei, Bingxuan Lin, Does top executives' US experience matter?Evidence from US-listed Chinese firms, China Journal of Accounting Research, Volume 9, Issue 4, 2016.

100.魏明海、赖婧、张晧:"隐性担保、金融中介治理与公司债券市场信息效率",《南开管理评论》,2017年第1期。

101.魏明海、蔡贵龙、柳建华:"中国国有上市公司分类治理研究",《中山大学学报(社会科学版)》,2017年第4期。

102. Minying Chen, Bingxuan Lin, Rui Lu, Minghai Wei#, Non-Controlling Large Shareholders in Emerging Markets: Evidence from China, Journal of Corporate Finance, ONLINE, September, 2017.

103.魏明海、衣昭颖、李晶晶:"中国情境下供应链中客户盈余信息传递效应影响因素研究",《会计研究》,2018年第6期。

104. Can Chen Jeong-Bon Kim Minghai Wei Hao Zhan Linguistic Information Quality in Customers' Forward-Looking Disclosures and Suppliers' Investment Decisions, Contemporatry Accounting Research, Online November 2018.

五、咨询研究报告

1.提交财政部咨询研究报告:《企业内部控制标准:担保》,2004年。

2.提交财政部咨询研究报告:《会计准则制定:原则导向或规则导向》,2005年。

3.提交财政部咨询研究报告:《世界主要经济体企业内部控制制度研究》,2007年。

第八部分 学生点滴记忆

一、求学时期的点滴往事

中国人民银行广州分行　苏　赟

社会上每个人的发展轨迹千差万别，但不可否认的是在人生几个关键转折时点有没有把握好，有没有一个好的老师指导，其影响是无可估量的。在他人看来，我是典型的中山大学管理学院学生，求学经历简单而顺利：从全日制本科、硕士研究生到在职博士研究生；从1992年懵懂入学到2003年大家戏谑为"非典"之下胜利大逃亡的在职博士毕业，以致有老师曰："你烦不烦啊！十年了，还在学院晃来晃去，师妹也娶了，还想干什么！"有的人可能觉得，老在一个学院学习，在享受熟悉的老师、熟悉的味道同时，是否少了那么一些挑战、少了那么一些激情。但我觉得，十年甚至更长时间留在一个学院，不会厌烦，因为这个学院总能给我新的教益；求学经历顺利的关键，是有好的老师在背后悉心引导和督促。学习机会常有，好的老师不常有；学校虽多，但好的学习平台并不多。在管理学院，我遇到了一生中的良师益友，使我在这个比较浮躁的社会能够坚守本心，能够做一些力所能及对社会有益的事。概括来说，本科、硕士研究生、博士研究生三个不同阶段与魏明海老师不经意而又冥冥中注定的关联勾画了我的学习轨迹以至人生轨迹。

依稀中清楚记得，与魏老师初次见面是1993年在他家。当时为了活跃管理学院尤其是会计审计系的专业学习气氛，魏老师大力推动学生们成立中山大学会计学会。我那时刚好是审计专业大二的学生，被师兄领着去魏老师家，听取如何把学会筹建好并立即开展一系列活动的指导。现在回想起来，印象最深刻的是魏老师反复强调会计是一门经世致用的学科，不能关起门来搞学术，会计学会首要是利用老师和校友的资源，加强与校外财经界尤其是企业的沟通，为同学们打造了解会计实务应用的桥梁，创造去企业观摩实习的机会。坦率地说，当时我们学生搞社团活动，基本上是关在校园内自娱自乐。就算与校外联系，那也无非想弄点钱印海报、吃宵夜而已；很少想到把我们学习的理论与校外的实操去印证，把实务界的观点和要求吸收到学术活动中，从而学用结合实现校内外的思想互动。魏老师的指导给平常的社团活动打开了一扇新的窗户，开阔了我们看世界的视野，把注重实践的种子埋进了学生思想深处，特别是让我对本科阶段学习有了明晰的想法：学好专业、积极参加社会活动、提高应用水平。印象中那时的魏老师是一种飞扬的激情。

踏入大四后，魏老师开始直接给我们上专业课，而这时候我也面对着人生的第一个重大选择：平时努力的学习和实践让我有了本院系保送研究生的资格，按以往惯例就是读会计方向，导师是时任系主任的魏老师。说实话，我当时决定读研究生的主要动机是因为有保送机会，觉得不读浪费了；至于读什么专业，还没有明确的想法。记得一次课后和魏老师沟通读研事宜，魏老师表示读他的研究生没问题，但用一种不经意却又别有意味的口气问：有没有考虑换个专业？那时管理学院和岭南学院联合培养国际金融方向的硕士研究生，魏老师的这个提议给了我很大震动。刚好企业管理系的李善民教授给我讲授过西方经济学课程，他正在带国际金融方向的研究生。经过认真思考，我觉得自己对金融的兴趣高于会计，于是找了李老师请教。但当李老师表示欢迎，我真要去找魏老师申请跨专业时，心里是非常惴惴不安的：换导师？！魏老师是真的支持吗？或者说是对我学好会计没有信心？魏老师在爽快同意的同时给了我一颗定心丸：本科和研究生一直学一门专业会束缚你的眼界，当你学习金融后再回头看会计，你会有不同的感受，道路也会更宽。的确，硕士毕业后李善民老师推荐我入职人民银行工作至今，无意中成就了我现在的职业生涯。回顾这个过程，魏老师是否当时就洞见了我今后的人生道路？印象中那时的魏老师是一种睿智的包容。

1999年，我加入人民银行广州分行。金融业是典型的高学历行业，对从业人员的理论素养、研究思维有着较高的标准。我在具体工作中很快感到自己的知识不够用，就常回管理学院看书。这时，魏老师完成了美国杜兰大学的进修回到学院。我向他表示了自己的困惑，魏老师爽快地说：我今年开始带博士，可以报考我的博士。于是，我在兜兜转转一轮后回到魏老师门下，成为他的第一批博士研究生。当时管理学院能招收会计学博士的只有魏老师，学生也只有他首批招收的四人，因此第一年的专业课学习由魏老师全包。魏老师把自己美国求学积累的大量文献资料整理分成资本市场、投资管理、公司治理等20多个专题，每周由一个学生主讲一个专题，其他同学补充，魏老师最后点评。魏老师已经提供了这个专题最经典的几篇开山文献，主讲的学生要在精读经典文献的基础上自己去查找相关衍生的论文，对这个专题涉及的研究内容、研究方法和研究脉络进行综述并提出自己的看法，其他同学再对其主讲的内容进行补充并展开讨论。这其实就要求每个学生对每个专题都要像主讲同学那样钻研，否则无法参与交流讨论。我一直觉得，这种私塾式的教学方法才是真正培养博士的方法，统一上专业大课对学生研究能力尤其是思维能力的培养帮助不大。记得当时每天下班后就回家阅读文献，周末基本都是在学校图书馆查找资料和整理专题笔记。高强度的英文文献阅读和严谨的实证思维训练对我之后的学习工作产生了深远影响，让我每次和国外央行同行交流时都能很快抓住对方要点并做出回应，特别是我博士论文的部分内容得到了德国遴选教授的认可，从而获得德国政府奖学金于2005年由人民银行公派德国进修半年，一圆我国外留学的夙愿。印象中那时的魏老师是一种循循善诱。

回首走过的道路，魏老师的影响可以说无处不在，尤其是他在点滴中总能带给学生一种人生"道"的解惑，而不是简单的知识方面"术"的解析，让我能踏实地走对、走好人生之路。

二、我的博士生经历及对我人生的影响

中山大学管理学院　唐清泉

我是1997年进入中山大学管理学院工作，2000年有幸成为魏老师的博士研究生。回忆起来，这三年半的博士生经历，一直深深地影响着我的过去、现在和将来，影响着我的教学、科研和教书育人的行为准则。

一、博士毕业经历

海量资料。2000年，我有幸成为魏老师的博士研究生，也是第一次感受到了什么是博士课教学。魏老师给我们上财务管理课，走进教室的第一堂课，发现课桌上放着几叠高高的上课资料，每个博士生一叠。我拿着这一叠资料，发现是由十几本资料构成，每一本资料都是由十几篇经典文献或这个领域的最新研究文献，对应于一个专题或话题的研究。看着这叠资料，我心想，尽管魏老师非常非常地忙，还亲自动手一篇一篇地阅读、收集整理和印制这么多资料，并做出了清晰的PPT，这让我真正懂得了做一个好老师的内涵。

懂学生之难。当时的互联网不像今天这么发达，要收集和找到这么丰富的文献资料是很困难的，而且这么多资料，我们又缺乏相应的背景知识，读了还是不知所措，魏老师似乎知道这一点，所以，每次上课，都是他先把这十几篇论文所对应的专题通过PPT总结出一个逻辑结构，理出一些关键问题和关键概念给我们讲述后，然后留出一些时间，让我们一起来讨论这些文献资料的问题、方法和变量是否能用于研究中国本土的问题，研究中国的资本市场。这大大缓解了我们博士生的学习压力，懂得了理论和前人的研究，更重要的是知道了如何应用，用在什么地方，将我们引向前沿的学术领域和方向，减少了我们学术研究的迷茫。

选题要有准备：转眼就到了博士论文选题了。魏老师对博士生培养非常仔细，非常注重过程培养。他说："论文选题需要做些准备，下个月台湾有个学术会，你去参加一下，做些调研，看看别人的选题和研究方法。"这次会议对我选题和后续的研究确实帮助很大，还让我懂得了会计研究与组织行为学和心理学的关系，拓宽了视野，避免就会计研究会计的问题。

选题需要场景：关于论文选题，魏老师说论文选题你自己定，只有一个要求，就是选题必须是国家和社会关注的问题，会计的特征是问题针对性强，实务性强，如果选题研究离开了国家和社会，会计研究很可能就找不到饭吃，他还很具体地建议我多看看政府工作报告，那里有国家和社会关注的重大问题；要多关注财经新闻和财经政策，那里可能帮助你找到研究的话题、问题和研究直觉，帮助你抓到现象、动机与行为的关系。事后，我想了很久，为什么会计研究还需要去看政府工作报告，还需要看财经新闻。经过后续和魏老师的几次讨论后，最后总算弄明白了：魏老师的意思是一个学者的研究是与国家和社会相联系的，选题不能脱离国家和社会的需求。

开题要聚焦科学问题。回想起来，博士开题大约经过了六次准备，核心是科学问题。由于第一次做实证研究，不知道怎样写，我像写报告一样，写了一个约3万字的开题文档。过了几天，魏老师拿着他批改过的文档，对着一页一页上的批注给我解释，最后总结说，目前论文的最大问题是科学性没有体现出来。接着，他拿着打印的参考文献清单，给我推荐了一些相关的重要期刊论文，叫我去仔细琢磨什么实证研究的科学性问题。大约经过了这样六次的准备，通过6个大的研究假设，用PPT把论文的问题和科学性明确地显示出来了，论文开题才算过了关。

博士顺利毕业。在整个论文完成的过程中，由于魏老师从开题准备开始，就一次一次地反复讨论和指导论文的逻辑和科学性问题，使得论文的完成始终有明确的研究问题和目标，所以，论文的完成过程非常顺利，博士论文导师组讨论、预答辩、匿名评审和答辩都很顺利地通过了，获得了博士学位。

二、博士经历对我人生的影响

教学要有热情和追求。魏老师对教学的执着精神和上讲台前的大量准备工作，包括上课前大量资料的收集整理和备课准备，特别是他自己亲手制作的PPT，至今都影响着我的教学工作和从事教育的执着追求。比如，通过魏老师博士课的学习，我也学会了只要我要上第二天的课，我总是要问四个问题：我明天的讲课内容有逻辑结构吗？我明天的讲课有关键问题吗？我明天的讲课有关键概念吗？我明天讲课有要讨论的问题吗？只要这些问题中有一个问题不清楚，我就心理不踏实，难以入眠。

科研要有家国情怀。博士期间，魏老师要求学术研究论文选题要与社会需求和国家战略紧密联系起来，这种家国情怀的学者精神一直深深地影响着我，以至于在我做了博导后，也会要求我的博士生的论文选题，必须要讨论这个选题研究为什么是国家和社会关注的，为什么国家和社会需要这个选题来研究；当题目选定后，需要做哪些准备，需要参加一些什么样的学术会议和学术交流。

三、选择比努力更重要

暨南大学管理学院　黎文靖

2017年是我参加高考二十周年，与本科同学相聚时，大家闲聊毕业后各位同学的发展轨迹，最后得出的结论是：影响个人发展和成就的最重要因素是选择，选择的行业、工作类型和生活方式不同，导致了大家生活和发展的差异。回想自己十几年的学习、工作和学术研究生涯，能够一路走到今天，离不开魏明海老师的教导与关心，而其中最为关键的是魏老师影响了我很多重要选择。

我常常说，自己最终成为一名大学老师是一个美丽的误会，因为由于性格上的原因以及所处地域文化的影响，一直以来的个人目标是去业界工作，成为一个优秀的会计职业人士或者是成功的职业经理人是我对自己曾经的期望。我从进入中山大学学习以来，一直都是按照这个目标去努力的。除了认真学习好各门课程外，还积极考取各种证书，参与多种社团活动与学生干部工作，最后以班级第一名身份保送攻读硕士研究生。攻读硕士两年后，蒙老师不弃，又开始进行博士研究生的学习，但去业界工作仍然是我的努力方向。这种错位也导致了我在博士研究生学习过程中对学术研究兴趣不浓，重视不够，投入不多。随着学习过程中和老师的不断深入接触，老师的风采、学问、眼光、为人各个方面都让我折服并心生向往，时常脑海中会蹦出一个念头：成为像导师这样的学者也许是一个不错的选择。两种目标不停在脑海中盘旋，直到博士毕业求职时，我仍是同时向企业与高校投递简历，最后在暨南大学与越秀集团之间进行选择，难以决定。取舍之间，博士学习期间感受到老师的点点滴滴不时浮现心间，这种榜样的力量最终让我选择成为一名学者，一个朴素的想法是：我希望像导师那样去工作，去生活。回首这十几年的工作经历，深入分析过自己的性格，发现高校教师这一职业还是非常适合自己的，很庆幸当年做了正确的决定。以己推人，我现在与学生相处时非常注意，在他们面前尽量展示良好的状态，能够给学生更多的正能量。

　　我进入暨南大学后有一段迷茫的时期，以前读书期间都是有老师指导，学习是生活的主旋律，比较单纯，工作后突然自己要独立面对很多事情，如教学、科研、服务工作、社会联系，还有生活上的压力、家庭的责任等，一时间茫然失措，不知道什么才是那时的关键所在。一年过后，感觉比较沮丧，似乎发现自己在各个方面都毫无建树。带着这样的心情，我去找魏老师吐苦水，希望得到指点。聊天中，我一直认为作为一个新人进到单位，很多事情都很重要，我都要争取表现好，同时生活压力很大，我也希望多做一些事情来获得更多收入，似乎力有不逮。导师听完后只强调了一点，让我把其他都放下，专心做好学术研究。导师一般对他的建议不会做过多解释，主要靠学生自己去领悟，但他会在很多方面给予学生支持与帮助。为了让我专注研究,他不让我过早地担任行政职务。听了导师的建议,感受到老师的支持,我痛下决心,将很多赚钱、行政服务、搭建社会网络的事情统统放下,一门心思扑在学术上,慢慢体会到学术的乐趣,做出了一些成绩。整个过程,让我理解了什么是取舍,也明白了有时候做减法比做加法更为重要。

在我获得第一个国家自然科学基金课题资助,并评上副教授后,又面临一次选择,有个机会去中欧国际工商学院做兼职博士后研究,师从陈杰平教授和陈世敏教授,关键是两年都要待在上海。我觉得这是个很好的契机,能够跟着两位国际知名学者学习,但又觉得自己已是副教授了,还要背井离乡地一个人在异地工作生活,暨南大学这边的工作都要停下来,而且家庭也照顾不到等。我越想越觉得要离开两年困难重重,简直是不可能的任务。万般无奈之下,我又去找魏老师咨询,老师只给了我一句话,既然我觉得这是个好机会,让我考虑一下最大的困难是什么,这个困难我能否承受与克服。我认真思索后,认为最大的困难是无法照顾家庭,那个时候我和夫人年纪都不小了,还没有孩子。魏老师让我回去和夫人商量,最后她非常支持,事后证明这两年的时光让我的学术研究能力有了质的飞跃。老师寥寥几句话,让我明白如何在纷繁复杂的事情中找到解决问题的关键点,现在做决策时我经常问自己最坏的结果能否承受,作为一个重要的判断标准。

回头细数,类似场景还有不少,例如我面临是否要做行政的选择时,我评上教授后如何规划后面的道路等,每每念及,心中无尽感激。时至今日，面临一些相对重要的关口，我还是习惯咨询导师，请他给我建议。谈话时间一般不长，但有助我明确未来的方向。在选择比努力更重要的时代，老师可能无法让学生变得更勤奋，但是可以影响学生的选择，我想这正是老师的意义所在！虽不能至，心向往之，愿我能传承导师之精神，在未来的岁月里成为一名正面地影响学生、影响身边人的学者。

四、谋事在人　成事在天

中山大学管理学院　郑国坚

我经常跟别人说,这辈子做得最英明的决定是本科毕业后直接考研,2002年从当时的广东商学院(现为"广东财经大学")考入中山大学读研。而最大的幸运则是,我在中山大学遇到了魏明海老师和谭劲松老师,正是他们和中山大学的培养改变了我的人生。很难想像,十五年前的我还是一个什么都不懂、什么都没有的愣头青,现在已经成为受人尊敬的中大教授、博导,管理学院的副院长。这些看似不可思议的进步和成长的背后,是魏老师十几年来的悉心指导和帮助,没有魏老师,就不可能有今天的我。

过去十五年,从学生到同事的耳濡目染,我从魏老师身上看到和学到了许多可贵的品质和为人处事的原则,受益终生。在这里,我主要想谈一下魏老师经常告诫我们并对我个人影响非常大的一句人生格言:谋事在人,成事在天。"谋事在人"说的是做任何事情,只要认准了,务必积极行事,尽心尽力,不留遗憾,"成事在天"则是指,当凡事做了努力之后,以坦然的心态对待一切结果,不必患得患失。这句话,既是做人的格局和胸怀,也是做事的态度和准则。

这么多年来，在人生几个重要的时点上，当我还在纠结于是否全力以赴去做某一件事、瞻前顾后的时候，魏老师不止一次用这句话教导和鼓励我，让我少走了许多弯路。不仅如此，老师也用他自己的很多亲身经历诠释了"谋事在人、成事在天"的真谛，给我们树立了榜样。

2006年，魏老师萌生了在中山大学创办会计学杂志的想法。随后，他在自己名为"明静似海"的博客上连续发表几篇文章，先后阐述在中国创办第一本高水平全英文会计学杂志的意义和可行性。可惜现在已经找不到当年的博客和文章，无法完整再现当时老师关于创办杂志的想法和思路。但我还清楚地记得，当时魏老师常在博客上与我们博士生畅所欲言。我们无不为老师创办杂志的想法而欢欣鼓舞，但也深知在中国要创办一本高质量英文杂志的难度有多大。当时很多同行都不大看好这个想法，觉得难度太大，很有可能吃力不讨好。但是，魏老师的态度非常明确，他曾在博客上表达过他对办杂志的决心和信心，大概的意思是：办杂志用功于当代、利在学士共同体和后人，是一个长期工程，要有打持久战的耐心和长时间"烧钱"的决心。办这本杂志预计每年花费50万~100万元，可能要连续花费十年，才能看到杂志成功的希望。期间如果学校和学院的资助不够支撑了，他和几位搭挡甚至愿意自己掏腰包，把担任独立董事的钱拿出来继续支持杂志的运作。当时我问魏老师：如果付出这么多时间、精力和财力，还办不好，会不会很可惜？他的回答让我一直记忆深刻。他说，谋事在人，成事在天！他希望我们都记住这个道理：凡事认准了方向和目标就努力去做，不要想结果会怎么样，努力了就不会后悔。对魏老师来说，办好杂志就是他认准了要做的正确的事情，为了这个目标，付出再多努力和辛苦都是值得的。

过去十年，他以联合主编之一的身份统筹和规划着杂志的一切重要节点和活动。从每年暑期固定在香港举行的小型研讨会，到年末规模较大的学术年会，中间还有几次重要的专题研讨会，魏老师都事必躬亲，全程参与。他也从来不会错过在各个公开和私人的学术交流场合对杂志进行宣传和推广的机会。可以说，他就像一个民营企业老板对待自己的企业一样全心全意地对待这本杂志。要知道，从2008~2017年这十年期间，魏老师先后担任中山大学校长助理、副校长和广州大学校长，还担任了很多重要的学术兼职，这样一个日理万机的双肩挑教授，对一个杂志十年如一日的坚持和持续付出，是相当不容易的。魏老师正是用他的实际行动，向他的学生们诠释"谋事在人，成事在天"的真谛和意义。

正是有了魏老师和刘峰、苏锡嘉、谭劲松等几位老师"力拔山兮气盖世"的魄力和十年磨一剑的决心，才有了今天《中国会计原刊》（China Journal of Accounting Research，CJAR）的成功。CJAR是国际上首本专门刊登有关中国会计研究论文的全英文学术期刊，也是目前国内质量最高、影响力最大的会计学杂志之一，于2008年由中山大学与香港城市大学在境外联合创办，由全球最大的科学文献出版社发行商Elsevier出版发行。目前已正式被Emerging Sources Citation Index（ESCI）收录。中山大学会计学科每年依托CJAR定期在香港和国内举行各种高质量的研讨会，目前已经成功举办近十年，在国内外会计界已经产生了较大的影响，这对提高中山大学会计学科的影响力具有十分重要的意义。

今天的CJAR，与它的主要创始人之一魏老师一样，志存高远，又脚踏实地，扎根中国，又兼容并包，不断锐意进取。正如魏老师在CJAR2018年的主编新年寄语中讲到的，中国会计研究在国际上应该有一个基本格调，充分展示深深根植于中国文化和制度情景下的会计实践与理论发展。自2008年创刊以来，CJAR及其作者和读者群一直致力于为中国会计研究塑造属于我们自己的国际调格。中国是世界上最大的发展中国家，必将回归世界经济文化的中心。2018年是CJAR创刊十周年，我们愿以此作为新的起点，与其他有志于此的学术刊物（如CJAS等）、以及致力于推动中国会计研究的作者和读者一道，继续努力将中国本土的会计研究塑造成具有原创特征、文化制度内涵和深刻反映中国会计故事真谛的国际化学术风格。

作为结束语，我想说：此生非常荣幸和感恩，可以做魏老师的学生和同事，我对以魏老师为主要代表的中山大学会计学科和CJAR的未来充满信心，祝福中大会计、祝福CAJR，祝福魏老师！

五、此生大确幸　师从魏老师

华南理工大学工商管理学院　万良勇

2003年，承蒙硕士导师张蕊教授引荐，我与魏老师初次见面并决定报考魏老师的博士。自博士生涯开始至今十余年，魏老师应该是对我人生影响最大的人之一。常言"大恩不言谢"，我想任何的言语也不足以表达学生对恩师的感激之情。

初入中大校园，彼时对于实证研究尚处于阅读文献、学习基本方法的阶段，一时间尚未有明确的研究方向。魏老师那一年正在美国访学。一日突然收到老师从美国发来的邮件，询问我们的学习进展情况，并旋即提出让我们关注一下内部资本市场的研究。那时国内有关内部资本市场的文献还非常少，我们下载了大量的国际文献并着手梳理。正好那时"三九集团"案例引起了我们的关注。我便在魏老师指导下开始了第一篇案例研究写作。由于本人水平的局限，向《管理世界》投稿后没被录用，而后被分拆修改成两篇论文分别刊发在《当代财经》和《中山大学学报（社科版）》。虽然不是实证研究成果，但在当时环境下，里面的理论分析框架还是有一定的参考价值，至今仍有学者引用。这是第一次在魏老师指导下做研究，期间往来邮件讨论数十次，我也第一次真切感受到导师对学术研究的赤诚之心和诲人不倦的师者风范。

中山大学会计系大师云集，大牛教授不光亲自授课，还为我们提供了非常宝贵的学术资源，经常聘请国际知名学者来校授课。回想我们那届的学风也是非常好的，大家经常会就一些研究问题展开讨论。魏老师要求我们一年级至少要完成一篇完整的实证研究论文。在此"压力"下，我在2005年完成了第一篇实证研究论文，不过可惜的是此文并没能发表在高水平的刊物。

大概从博二开始，我的心理慢慢有了一个巨大的转折。在阅读了大量的国际文献后，我竟然开始有些"看破红尘"，觉得所谓顶尖学术成果也不过尔尔，开始有了放弃学术研究转投实务界的念头。那段时间我自己内心是非常纠结的，因为中山大学的博士生培养模式完全是为未来从事学术研究做准备的，这种"离经叛道"给我带来了巨大的心理压力。我很忐忑地找魏老师袒露心迹。魏老师并没有给我一个明确的建议，而只是反复告诉我做任何事，只要用心都有可能做成。我到现在仍在猜测魏老师当时一定是有些许失望的。

到了博二下学期，博士论文选题工作已迫在眉睫。我印象中前后更换过几次选题，而每一次魏老师都是极度耐心地和我讨论选题的可行性。转了一圈，最后还是回到起点，把题目定在了内部资本市场方面。已记不清有多少次和魏老师促膝长谈研究框架及论文细节问题了，这使得我的博士论文得以比较顺利地完成并通过答辩。

我还妄自总结了魏老师的一个特点：讨论学术问题多少时间都可以，但其他的琐事最好免开尊口。这也是到现在见到魏老师还是有些敬畏感的原因。有意思的是，我自己近十年执教生涯中却无形中继承了老师的这种风格。

2007年6月按时博士毕业，我"如愿"地进入到银行工作，但由于各种主客观原因，不到一年就"铩羽而归"。我又找到魏老师表达了自己想回归学术的愿望。仍清楚地记得魏老师又重复了一次他的观点"做一件事，认真做五年试试看，哪有做不成的"。在2008年，我有幸加入了华南理工大学工商管理学院。由于有了前一年的"惨痛"经历，我对这个新起点异常珍惜，开始在办公室没日没夜地做科研，那段时间估计是我人生中最执着的阶段。而我又开始不断"骚扰"魏老师，和老师探讨学术问题，一如念博士时一样，并在魏老师指导下完成了两篇论文，分别发表于《管理世界》和《南方经济》。此后从教十年间，我一直保持着"间隔性骚扰"魏老师的习惯，内容则包罗万象，譬如一些学术难题、项目申报书撰写、个人职业发展，甚至生活琐事。和魏老师的往来电子邮件一直保留至今，仅2008年加入华南理工大学后，就有三百余封，还有数不清的电话、短信"骚扰"。有时会想，魏老师耐心真好，换做其他人，估计是早把我"拉黑"了。

肉麻的话就不多说了。一句话总结：此生大确幸，师从魏老师。

六、师承精要——主流、效率、坚持与健康

中南财经政法大学会计学院　王雄元

我2003年9月进入中山大学管理学院师从魏老师攻读博士学位，2008年12月通过博士论文答辩。虽然算起来在中山大学的时间长达5年之久，但由于是在职攻读博士学位，我真正待在学校的时间其实只有一年。从我2002年冬季联系魏老师希望师从于他算起，已近15个年头，但由于一直在武汉工作，我跟魏老师接触的实际时间和一起经历过的事情并不多。一直很羡慕那些能随时跟老师谈天说地的师门，在高校学术领域越久，这种感觉越强烈。我是一个看上去很淡漠的人，大多数情况下不知道如何表达自己的情意，但我又是一个内心极为敏感与细腻的人，虽然没有太多机会聆听老师的教诲，但老师的每一句话、每一个动作都牢牢刻在我的脑海里，并深刻影响着我的工作与生活。非常开心，魏老师在会计名家工程结项环节给了我这样一次表达的机会，否则我可能永远没有机会向魏老师表达自己的感激之情与敬畏之心，但我希望我的表达不要被以为是对老师的溢美之词。

（一）做主流的研究

2003年初，我去中山大学面试时，曾经与魏老师在他的办公室有过一次为数不多的长谈。我们谈到，做什么研究，怎么做研究。魏老师坚定的说："要做主流的研究"，"话题主流，方法主流"。偏门的话题很容易出文章，因为竞争少，但要发顶级文章很难，即使你做到这个偏门话题的最高层次，圈外的人尊重你，但不会跟你交流。独乐乐，还是众乐乐？老师告诉我，价值只有在竞争中才能体现，思想只有在交流中才能升华。

那时我是为数不多已经在会计研究发表文章的年轻人，对研究朦胧中还有些好奇，觉得选择一个比较新颖的话题，用自圆其说的逻辑与语言表达出来就好了。我通常会选择新但又有些偏的话题，并采用规范研究范式。老师的话让我足足想了一个多月，最终彻底改变了我的学术研究观。自此我用了长达十年的时间，慢慢从规范研究转向实证研究，从偏门选题转向主流选题。每当自己有惰性，我都会想起老师的话。都会告诉自己，老师都是四十多岁、功成名就之人，都还在学习主流研究方法，自己有何理由不跟上学术主流！

（二）有效率地做研究

2004年上半年，我曾经去到老师家里，在汇报完工作与学习状况后，我问他："您工作这么忙，为什么在我跟您聊话题时，您仍对研究进展了如指掌？"老师说道："（1）只要我有时间，比如周末要没有工作，我会借十几本书，并都看完；（2）我对文献的阅读是有周期的，比如那本杂志什么时候出，我会定期跟踪，并记录下来；(3) 书越读越多，笔记越记越多，而后再慢慢消化，越消化越少，最后留下来的少的不能再少的笔记就是一篇文章。"

这是我第一次认真思考做事效率问题，至今，我还保持着这样的习惯，并一直教导自己的学生这么去做。学会了同时处理多件事情，学会了迅速从大量文献中获取对自己有用的东西。一直到现在，我常常拿老师周末两天看完十几本书的例子，告诉学生如何高效率的学习与工作。

(三) 坚持自我

2005年我开始为系以及学院做些事情，开始有各种应酬。自己性格偏内向，因此天生不爱应酬，同时又担心不应酬会被孤立，因此常常是坚持应酬，自己很累但又没有什么效果。也是这一年，在北京的一次会议中，我到魏老师房间拜访他。随口问道，您的朋友很多，应酬很多，怎么您还待在房间。老师说，与人的交流不一定非要吃喝玩乐，以自己喜欢的方式，与人平等、简单、健康的交流，效果更好。老师还说，平时杂事太多，出差的机会正好是自己静静思考、做研究的最好时机。跟老师一席谈话，彻底解决了困扰我多日的问题。知道认可自己、坚持自我的重要性。

时至今日，我还是常常告诉自己的学生：(1) 任何情况下，都要认可自己，在此基础上，学习别人所长，不断提高自己；(2) 坚持自我，不要强迫自己做自己不喜欢的事情，尤其不要迎合别人；(3) 只有坚持，才会有预期效果。

（四）要有健康的身体与心态

老师大部分时候给我的印象是：西装革履，精神饱满。即使是知道他经过了长途旅行，也看不到他脸上的倦意。有一次，我受学院指派去机场接老师。老师跟我说了这几天的行程，密密麻麻，听着就很恐怖。我随口问道，工作这么多，您不累么？您平时锻炼吗？老师说，累，但是你要学会利用间歇时间休息，恢复精力与体力，无论再忙，每周两次网球雷打不动，只要有空，晚上都会饭后散步。

我虽然也在锻炼，但没有如此自律，常常因为心情、天气以及工作缘故而中断。老师的话，轻柔中有股坚毅的力量，从此后，我的锻炼再也没有中断过。我常常对学生说，如果给你当美国总统的机会，你们大部分人是没有这个体力的，如果我和你们竞争，你们大部分可能会被拖死。

静下来，回忆跟老师的点点滴滴，才发现自己身上满是老师的影子，如同比较自己和女儿的行为方式与思维方式时发现我们有太多相似之处。女儿真的是我亲生的，我也真的是老师亲自培养的。很荣幸能师承魏老师，即使远在武汉，老师在学术以及行政上的建树，以及博大胸怀和人格魅力，仍然指导着我的工作与学习。虽然离老师的优秀还很远，但我的确在健康的生活，一直在坚持有效率的做主流研究。

七、经师易遇 人师难遇

中山大学岭南学院 柳建华

记得2016年暑期在厦门国家会计学院参加全国会计领军人才集训的时候,田志心老师(中国会计学会副秘书长)和我们一群同学在学员餐厅闲聊。期间,田老师问我:"建华,跟我们分享一下魏老师的故事吧。"田老师应该是当前与国内会计学界接触最多的人之一,我当时不太明白田老师的意图。去年金秋,田老师来中山大学做首届会计名家培养工程验收,说要每一位会计名家都要搞一个关于如何培养学生的回忆,让学生自己来写。我才想起来田老师谋划这件事已经很久了,以此给学界后进更多的启发,真是良苦用心。

魏老师是全国首届会计名家,桃李满天下。因此,我很庆幸自己有机会在此回顾老师给予我的点点滴滴。郑板桥先生说:新竹高于旧竹枝,全凭老干为扶持。板桥先生的原意是说一个人能够超过老师和前辈,都是因为老师和前辈的培养和教育。很遗憾的是,在魏老师面前,我只能是从字面上理解的"新竹",魏老师是我无法企及的高度。魏老师给予我的很多,从为学、为师到为人,对我的影响很大。可以说,这是我人生资产负债表中最为重要的无形资产了。

然而，他事先画了圈圈，回忆主要围绕学术指导与交流进行。

魏老师谦逊，平等看待他人，特别容易让人接近他。2004年，经大学老师的推荐，我向当时只能在重要期刊和教材编委会的名单中才能见到名字的魏老师表达了希望有机会能成为他的学生的想法。那时，魏老师在美国做访问学者，我们多次通过邮件来往保持沟通。魏老师回复邮件很快，常常我发过去不久就能收到他的回信，这让我心里很踏实。因此，当我自己成为老师时，我对学生也尽可能这样，我知道这是对学生期待的最大满足。正式入读中山大学之前，我完全不懂实证会计研究是怎么做的。所以刚刚入读中山大学时，我极度不适应，要补充的知识实在太多。因此，我经常去打扰魏老师，从研究话题选择、文献梳理方法、理论框架构建等各方面，真是事无巨细。那段时间我可能是见魏老师最多的学生之一。魏老师不仅有很多科研、教学工作，也肩负了很多行政工作。但只要事先有约，他肯定会有时间同我见面。这对我影响很大，如何合理安排时间是人生的大学问。

做研究要能坚持，没有捷径，魏老师特别善于在这条路上做引路人、鼓劲者。2006年年初，我完成了一篇关于企业负债对投资影响的文章，这是我的第一篇实证研究论文。还记得在每两周举行一次的内部讨论会上，魏老师跟各位同门说，这是我的处女作，希望大家给予更多的批评指正。后来，他鼓励我将这篇文章投给了当年在清华大学举办的"五校会计博士生论坛"，让我第一次有机会在重要的学术会议宣读自己的论文。之后，这篇论文顺利发表在《南方经济》上。由于自己感觉这篇文章太"薄",不敢随便署上魏老师的名字。尽管这是一篇小论文,但于我而言,它是我的"新生儿"。它的面世,魏老师给了太多的鼓励。

魏老师常说,做研究最好在某个或某些领域内深耕,而且应该是趁热打铁,保持热度。之后不久,应该是2006年下半年,魏老师给我一份《南方周末》,要我仔细读那一期上面的一篇关于世界银行对我国国有企业分红情况分析的报道,并查阅一下相关文献,然后一起讨论是否有值得研究的话题可以挖掘。经过讨论,在延续我之前做了投资相关研究的基础上,我们最终确定了关于国企分红与过度投资的选题。初稿出来后,又经过魏老师多轮的修改,大到理论框架和研究方法,中到遣词造句和逻辑关系,小到标点和错别字,最后文章很顺利地在《管理世界》发表。这篇文章后来获得了教育部人文社科优秀成果奖以及广东省哲学社科优秀成果奖,并成为《管理世界》创刊30周年来引用最多的文章之一(排名第8)。2008年,我同魏老师合作又在《管理世界》发表了一篇关于母公司与上市公司关联投资的论文,我的博士论文也是围绕投资为主题展开的。后来,我又分别在《管理世界》《金融研究》上发表了两篇关于投资的论文,以至于今天我仍然对投资相关话题的研究保持兴趣。这种选题的模式对我影响特别大,让我偏爱于思考资本市场实践中亟需回答的会计、财务和公司治理的问题,而非从文献到文献的研究模式。至今我对我自己的学生也是这样的要求,不仅要追踪最新的文献,还要看看外面每天都发生了什么。这个过程也让我养成了一个习惯:每天到办公室第一件事情是浏览财经新闻,特别是资本市场发生的大事小情，并分门别类地存放到电脑文件夹中，哪些是可以作为研究idea素材的？哪些是可以作为教学小案例的？如果可以作为研究idea的，现有的文献到了哪里？如果可以作为教学小案例的，再进一步放到更下一层以会计科目为名或者以某一主题为名的文件夹当中。如果说现在我的学生总是评价我的授课内容比较接地气，课堂中能将相对枯燥的会计、财务知识融入到资本市场最新发生的故事中，这将归功于魏老师。

魏老师还说：人这一辈子要知道，你在什么样的时间段，就要做这一阶段最重要的事情。做研究需要定力、坚持，不能动摇、分心。我在这一方面做得就不尽人意，因此，可能很让魏老师失望了。但魏老师很宽容，总是站在我的角度去考虑。

毕业之后，尽管我只是从管理学院来到相距只有100米的岭南学院工作，可是我见魏老师的次数没以前那么多了。一方面感觉自己已经毕业了，还有很多师弟师妹要占用魏老师的时间；另一方面魏老师的行政担子比以前更重了，两方面的原因都让自己觉得不好意思去麻烦他。可是，有一点没变，只要我有任何需要，不管是学术的研讨还是工作的烦恼，甚至是生活的琐事，只要需要他他总能有时间见我。每次见到魏老师，我最怕他笑眯眯地问我：你最近在干什么？其实，我知道他这是对我前一阶段的工作不满意。因为，他一直都在我背后。

八、学术起步的引路人

中山大学管理学院博士生　蔡贵龙

初次接触魏明海老师是在我本科大四修的《会计理论》专业课上，魏老师百忙之中给我们做了关于《产权理论与财务和会计研究》的报告。当时我已经获得中山大学管理学院会计系"硕博连读"的资格。作为一个"初生之犊"，我站在学术生涯的起跑线上，难免感到迷茫甚至有点不知所措。我至今仍印象深刻地记得魏老师给我们教授的财务与会计的研究范式（从 Bottom-up approach 到 Top-down Approach）及魏老师过去孜孜探讨的一系列财务与会计问题（股东治理与信息质量等）。短短两节课的报告，却足以让我领略到学术研究的魅力，也使我对魏老师的研究领域有了初步的认识。2013年夏天，我正式申请魏老师作为我博士阶段的导师，开启了我的学术之路。

平心而论，高中作为一名理科生，我始终对写作没有好感，部分因素也源于自己不擅长于遣词造句。仿佛看穿我的弱项一样，魏老师交给了我第一个研究课题：中国企业的产权不完备性与股权"异象"，根据魏老师后面的说法，他给我这个课题的其中一个目的主要也是在于训练我的写作能力,并锻炼我的逻辑思维能力。尽管后续我也做了其他研究并获得了一点成果,至今我比较满意的一篇文稿仍当属这篇,这使我第一次真正体验到科研工作者的艰辛与乐趣。因此,我想重点介绍这篇研究并回顾魏老师在我完成这篇论文过程中对我的指导。这篇文稿从开始梳理理论和文献到最终完成初稿,前前后后用了将近一年的时间,期间魏老师和我一对一讨论了不下十次,最终完成的初稿字数多达5万多字,其后我在香港城市大学做了报告并受到南京大学陈冬华老师的赞赏。尤其让我印象深刻的是魏老师对我的指导过程及其对待学术的态度。每次我提交给魏老师的文字材料,魏老师都会打印出来逐一阅读并在其上进行修改。我至今仍保留那些经由魏老师作过修改和批注的文档,这让我可以每次翻看时都清晰地认识到自己犯过的错误,也可以学习魏老师的写作方式。当然,每次讨论时魏老师总会提出新的修改方向和写作思路,我时刻感到自身能力的不足和科研压力。但我也一直很庆幸能成为魏老师的门生。这是我头一次亲身了解到原来一名学术界的资深教授也会如此躬身力行,能够抽出如此多的时间跟一个"初生之犊"讨论和引领其在学术之路前行。我深刻地感受到魏老师作为一名科研工作者对待学术毫不懈怠和勤勤恳恳的态度,这极大地影响了我,让我体会到对待学术,急不得,也马虎不得,一篇好的学术研究需要反复斟酌、讨论和修改,并能帮助我们认识实际。

此后魏老师给了我另外两个课题:中国国有企业分类治理的现状和中国上市公司盈余漂移机理的研究。在第一个课题的基础上,我掌握了基本的研究范式,也学习了魏老师对待科研的态度,魏老师对我的指导风格也有所变化：从一开始的老师手把手带徒弟入门，逐渐转变为把控方向和纠偏，而由学生主动发挥创造力和能动性。为了拓宽我的学术视野和提高我的国际交流能力，魏老师也建议并推荐我前往美国罗德岛大学访学了一年。总的来说，在我的学术生涯中，魏老师一直扮演着我的引路人的角色，他不仅有目的和规划地锻炼我的科研能力，也时常以自身守则塑造我对待学术的态度，引领我在学术道路上行进。

　　我至今仍是魏老师的在读博士生，仍有太多的东西需要向魏老师学习。已经毕业的师兄师姐们时常跟我说，十分怀念他们在博士阶段跟魏老师一起合作的时光。我想，学术之路不好走，有诚如魏老师这样一个如师如父的引路人，的确是值得庆幸和珍惜的经历。学术需要传承，我时常在想，假如我将来能在学术之路有所小成，但愿我也能如魏老师一样享受科研并成为其他志在从事科研的学生的引路人。

第九部分 部分研究生名录

一、博士后入站学生

02 级：刘新华，欧洁

04 级：朱琪

06 级：蔡宁

10 级：宋小宁（师资博后）、赵鹏

11 级：童一杏（师资博后）

13 级：潘峰

二、博士研究生

00 级：施鲲翔，唐清泉，张雁翎，苏赟

01 级：张科，胡志勇，龚凯颂，刘燕

02 级：任凌玉，杜兴华，林丹丹，杨永红

03 级：黎文靖，王雄元，王立新，卢锐

04 级：万良勇，路晓燕，郑国坚

05 级：陶晓慧，陈胜蓝，柳建华

06 级：岳勇坚，季华

07 级：林志伟

08 级：黄琼宇，孙亮

09级：程敏英，雷倩华

10级：陈姝，李旎

11级：赖婧，李晶晶

12级：张龙文

13级：李莹

14级：蔡贵龙

16级：衣昭颖

17级：刘秀梅

中法合作项目：许文广

三、硕士研究生（含会计学术硕士、MBA、EMBA、MPAcc）

94级：张俊，马岩林

95级：黄玢，岳勇坚

96级：林舒，张垂炯

97级：何姗

98级：郭群，吴佳捷

99级：黄雨静，高筠燕

00级：卢锐

01级：陈建武，叶衡

02级：刘刚，张晓冉，胡森俊，张荣德

03 级：高杨，佘瑞丰

04 级：凌云，包建永，李庚，叶旺，严江颖，黄毅杰，刘洁芝，林嘉慧，易绮虹，林杨，徐志雄，伍俪璇，时锋，杨皓，胡培德

05 级：史莉莉，邓典雅，林赟，梁键锋，陈伟光，王亚明，何文洪，蔡茂华，魏天昭，罗圣，张钟玉

06 级：谭志伟，黄瑞昌，魏荣华，龚昕，龙桂兰，王湘红，肖婉娴，文科，黄琼宇，谭斐毅，段建琴，阎慧峰

07 级：钟志朗，秦秀芬，李忠迪，林晓青，朱锦，程敏英，吴劭堃，刘惠祺，雷倩华

08 级：邹铖，王永明，王金发，郭志勇，周汉智，周振宇，杨洋，农运深，黎林杰

09 级：李晓瑾，石坚，蔡思琪，张建发，土辉，韦锦坚，王曦，李娜，郭文科

10 级：肖小军，吴丝，刘燕瑜，梁涛，林钢，武佳琪，万鹏

11级：姜建平，王洪，王笑梅，甄利双，陈蔚妍，黄婧，梁昊天，黄洋

12级：黄彪，韩志明，汪琛，吉泓伊，钟亦昕

13级：徐佳珩，铉伟英，江蕾，李诗晴

14级：岳艳，宋靖，卢俊杰，王悦，衣昭颖

15级：龚岫

特别说明：由于手头资料和记忆的原因，如有遗漏，请同学们包涵和理解。